Aventurier dans l’âme

Teheiura

Aventurier
dans l'âme

ÉDITIONS PACIFIQUE
AU VENT DES ÎLES

À Manavai, Mihivai, Vainanui et Vaitoanui.
Vous êtes la plus belle aventure de ma vie !

À Céline, pour son amour
et sa détermination à toute épreuve.

À mon île Tahaa,
ma terre nourricière.

Sommaire

Teheiura

L'histoire retiendra qu'un prénom, de prime abord difficile à prononcer, est devenu en moins de temps qu'il ne faut pour le dire, le premier synonyme d'« aventurier » pour tous les Français.

L'histoire retiendra aussi qu'à peine le pied posé sur une île perdue de Papouasie, un père de famille timide, réservé et discret, s'est instantanément mué en icône de l'Aventure avec un grand A comme dans Koh-LantA.

C'est peut-être cela que l'on appelle le charisme, cette aura naturelle, qui suscite l'adhésion et la fascination chez la plupart des gens.

Mais ce qui marque quand on rencontre Teheiura pour la première fois, comme je l'ai fait il y a maintenant presque dix ans, c'est sa bonté d'âme.

Teheiura est sans artifice, il dit ce qu'il est et il est ce qu'il dit. À travers lui, sa culture, ses racines et ses ancêtres nous regardent, nous captivent.

Son *haka* nous transporte, et le doudou perdu de sa fille nous émeut.

C'est ainsi qu'il est entré dans le cœur du plus grand nombre, sur la pointe des pieds, mais en prenant à bras-le-corps chacune de ses quatre aventures.

Un aventurier comme un homme, entier.

C'est sûr, Teheiura ne parle pas beaucoup, mais il a énormément de choses à dire.

Sur les îles qui l'ont accueilli dans ses différentes aventures, il était chez lui, et il a accompagné ses coéquipiers comme ses adversaires de jeu sans aucune arrière-pensée. L'important pour lui, c'est l'échange, le vivre-ensemble, le bien-être de la communauté.

Je me souviens aussi de sa jubilation, entouré des enfants de l'École Aventure qui buvaient ses paroles et appliquaient avec envie ses conseils avisés.

L'histoire retiendra aussi, ironie du sort, que c'est bien l'un des meilleurs chasseurs, l'un des cueilleurs les plus avisés, et parmi les plus fins pêcheurs qui, aventure après aventure, s'est fait chasser du jeu, a été cueilli par surprise au Conseil, et a péché à de multiples reprises par naïveté.

Alors certes, Teheiura n'a peut-être jamais remporté « Koh-Lanta », mais depuis sa première épopée, il a gagné bien plus : le respect de toutes les équipes qui ont filmé ses aventures, l'estime de l'ensemble des aventuriers et l'admiration de toutes celles et ceux qui l'ont suivi semaine après semaine.

Les larmes et les cris à chacune de ses éliminations résonnent comme un unanime plébiscite.

Mauruuru ia 'oe, mauruuru roa ia 'oe mon cher Teheiura.

Je suis fier de t'avoir accompagné dans toutes tes aventures.

Julien Magne
Producteur de « Koh-Lanta »

Je ne suis encore jamais allé en Polynésie mais depuis que je t'ai rencontré, j'en rêve. Tu m'as donné envie de découvrir cet endroit du bout du monde où je devine que les gens sont, comme toi, authentiques. Teheiura, tu es l'incarnation de l'aventurier depuis ton premier jour sur « Koh-Lanta » en 2011, dans un coin perdu aux confins de la Papouasie. Tu m'as séduit par ton sens du partage, ta volonté, ton aisance dans la jungle et tes performances sur les épreuves. Au départ, c'est ton regard perçant qui m'a accroché et aussi cette humilité qui t'anime en toutes circonstances, même après tes plus belles victoires. Tu mets toujours les autres en avant et tu sais t'effacer pour le bien de ta tribu. Ta voix douce et ton accent délicieux qui roule les « r » n'ont pas d'égal. Et depuis dix ans que tu es entré dans le cœur des Français, ton *haka* est devenu presque aussi célèbre que celui des All Blacks néo-zélandais.

À tous ceux qui vont découvrir ton parcours, je le dis haut et fort, tu as marqué de manière indélébile l'histoire de cette aventure exceptionnelle, même si tu n'as jamais gagné « Koh-Lanta », en quatre participations. Ah ! Si tu avais été plus stratège, l'histoire aurait été tout autre. Mais on ne se refait pas. Ne change rien, l'aventurier. Ton parcours exemplaire et ton aura valent toutes les victoires.

Ils se comptent sur les doigts d'une seule main les aventuriers qui ont toujours fait l'unanimité, et tu appartiens à ce cercle très fermé.

Je suis heureux de te savoir épanoui avec ta tribu, Céline, tes trois filles et ton petit mec qui vient de naître. Je suis fier de voir le chemin que tu as parcouru pour devenir un restaurateur apprécié partout où tu passes avec ton *food truck*. Et en y réfléchissant, je peux presque comprendre que tu n'aies pas joué ton collier d'immunité lors de ta dernière élimination. Tu l'as gardé avec toi pour qu'il protège cette belle étoile qui brille au-dessus de ta tête. J'attends maintenant d'embarquer avec toi pour découvrir Tahiti et la Polynésie. Nos routes n'ont pas fini de se croiser. Ma sentence est irrévocable !

Denis Brogniart
Présentateur de « Koh-Lanta »

Avant-propos

Que j'écrive un tel livre à tout juste quarante ans va surprendre mes amis, enthousiasmer, je l'espère, tous ceux qui me suivent de près ou de loin depuis 2011 et peut-être aussi faire sourire les « littéraires ». Cela a été une expérience nouvelle pour moi mais c'est encore une aventure dont j'ai voulu relever le défi.

Au retour de ma quatrième participation à l'émission télévisée « Koh-Lanta », j'ai ressenti l'envie de m'exprimer. Depuis quelques années maintenant, l'exercice des interviews et la confrontation aux caméras m'a obligé à DIRE. J'ai souvent dû sortir de ma réserve naturelle pour commenter mon aventure, tout en préservant mon intimité. Ce qui est sûr, c'est que j'ai bien compris que les idées exprimées pouvaient faire du bien, éclairer certains, promouvoir ma culture. Je ne cherche pas à convaincre ceux qui douteraient encore de ma sincérité. J'ai seulement envie de partager, d'écrire comme je le pense, humblement, ce qu'a été mon parcours de vie jusqu'à présent.

Vous le lirez plus loin, j'ai toujours préféré les activités manuelles et sportives à la lecture. Mon parcours scolaire vous le montrera. Pourtant, j'apprécie de lire certains récits autobiographiques ou documentaires qui stimulent l'imagination et l'audace. Alors, comme depuis vingt-deux ans je partage ma vie avec une femme précieuse, il nous a semblé qu'ensemble, nous pouvions essayer de raconter. Aidés par notre complicité, nous avons beaucoup travaillé pour témoigner de ce qui nous paraît encore un chemin incroyable. Raconter comment un gamin des îles du Pacifique, du *fenua*, élevé dans la culture polynésienne, débarque à vingt ans en France métropolitaine. Raconter combien cumuler deux cultures différentes demande un apprentissage coûteux et de la volonté. Décrire comment poursuivre une passion pour l'aventure et un projet professionnel requiert de conjuguer des univers très différents. Témoigner enfin à l'attention de tous les jeunes gens de Polynésie ou d'ailleurs que rien n'arrive sans efforts ni persévérance. Il suffit d'avoir des rêves, l'ambition de s'y accrocher et du courage. Je suis régulièrement touché par tous les signes de considération que l'on m'adresse et je ne cesse de répéter que mon éducation reçue dans l'amour, la tolérance et le travail m'a inculqué les valeurs fortes qui me guident encore à ce jour. Ensuite, il n'y a plus qu'à avoir le courage d'être soi le plus honnêtement possible. Avec force et humilité.

Moi, je le sais désormais, je me sens une âme d'aventurier !

A tu te toa !

PARTIE 1

Tahaa, mon île

Le Farāni du village

Je suis né en Polynésie française en 1978, à plus de 16 000 km de la France métropolitaine, sur l'île de Tahiti. Notre mère avait déjà une fille et un fils, Moeana et Willy, d'un premier mariage. Liana et Endy sont nés d'une seconde union puis je suis arrivé : le petit dernier de la famille Teahui. Mes parents, Miriama et Jacky, m'ont attribué le prénom de mon grand-père maternel : Teheiura. Cela signifie la « couronne rouge » en tahitien. Une autre signification plus flatteuse se traduirait par « la couronne royale ». À l'époque de mes ancêtres, seuls les rois pouvaient se vêtir de la couleur rouge. L'un des miens, Malietoa Teahui, originaire des îles Samoa, a été intronisé roi sur le *marae* Vaiahu, un lieu sacré, sur l'île de Maupiti, une petite île de l'archipel de la Société.

Après ma naissance, mes parents sont retournés sur leur île natale, Tahaa, surnommée « l'île vanille » en raison de la culture de la vanille qui est une de ses principales caractéristiques. C'est sur ce petit bout de terre au charme authentique et à la végétation luxuriante que j'ai vécu toute mon enfance.

Bien qu'aujourd'hui je vive en métropole avec ma femme, mes trois filles et mon fils, je reste très attaché à mon *fenua*, ma terre d'origine. « *Toi, petite sœur de l'île sacrée, on t'appelle la sauvage parce que tu es belle, tu es silencieuse et pleine de mystère* [...] *Oh Tahaa, oh Tahaa, île entou-*

rée de beaux motu, *bercée par le murmure des vagues, embaumée de vanille royale* », comme la décrit une célèbre chanson qui lui rend hommage : *Île sauvage* du groupe Te Aho Purotu. Un vrai paradis terrestre où tout petit, je jouais déjà à Robinson Crusoé.

Enfant, j'étais surnommé *hu'a*, le petit. Double sentence, j'étais le dernier de la famille mais aussi le plus petit du village. Aujourd'hui encore, ma famille et mes amis m'appellent *hu'a*, ce qui me rend nostalgique de cette époque. Mais à vrai dire, ce n'est pas sur ma taille qu'on me taquinait le plus, mais plutôt sur ma couleur de peau. Face à mes frères et sœurs qui avaient le teint hâlé des Polynésiens, j'avais la peau blanche. Un cas unique dans mon quartier, Pahure, ce qui m'a amené à être qualifié de *farāni*, Français. Alors quand des touristes passaient par Pahure, ils me remarquaient rapidement au milieu des autres enfants et s'adressaient tout naturellement à moi en français :

– Bonjour, comment t'appelles-tu ? Tu habites ici ? Quel âge as-tu ? Tu n'as pas de chaussures ?

– … !!!

Je les comprenais très bien mais je n'arrivais absolument pas à répondre en français, ne sachant utiliser que le tahitien pour m'exprimer. Au lieu d'entrer dans une conversation sans queue ni tête, je préférais ne rien répondre. S'ensuivaient alors toujours les moqueries de ma bande de copains qui ne pouvaient s'empêcher de rire pendant que j'essayais de mettre un terme à la discussion avec des signes de la main. D'après Endy, j'étais le seul de la famille à qui ma mère parlait en français depuis tout bébé. Probablement pour la même raison que les touristes, mais surtout pour préparer ma vie future. Elle savait que pour mes études et ma vie professionnelle, l'utilisation du français serait capitale et elle avait raison.

Je ne peux que la remercier. Il faut aussi dire que notre pudeur naturelle (oui, le Tahitien est plutôt pudique) fait que nous avions honte de mal parler le français. C'est pour cela que partout ailleurs, avec ma famille, dans mon village ou même dans la cour de récréation, nous nous refusions à le parler. Nous l'employions principalement en classe avec nos maîtres.

Pour nous, maîtriser le *reo mā'ohi*, la langue tahitienne, est une fierté. Aussi, lorsque je retourne au *fenua*, ou même lorsque je croise des Polynésiens en France, j'emploie tout naturellement ma langue natale. Après plus de vingt ans en France, beaucoup de personnes me disent que je n'ai perdu ni ma langue, ni mon accent. Je réponds toujours que cela fait partie de moi, de mes racines et que si je venais à les perdre cela serait comme une fleur qui perdrait ses racines : elle se fanerait.

Notre langue a une structure et une prononciation assez éloignées des langues européennes. Le « r » se roule, le « h » est aspiré, le « u » se dit « ou » et le « e » se dit « é ». Pour la majorité des Français de métropole, mon prénom est quasi imprononçable. « Téoula », « Téora », « Téhé »… on m'a rebaptisé si souvent que je n'y prête plus vraiment attention. Devant la complexité de la tâche, certains m'appellent tout simplement : « Té » ! D'autres, comme j'ai pu le voir sur Internet, utilisent un moyen mnémotechnique : « Thé ou rat », cela me fait beaucoup rire ! Je vous donne ici la bonne prononciation : « Téhhhéïourrrra », à prononcer d'une seule traite. Le diminutif pouvant être « Téhhhéï ».

L'héritage d'Etera

Etera Teahui ? C'était mon grand-père paternel, que je n'ai pas vraiment connu car mon père a été adopté. En Polynésie, le *fa'a'amura'a* est une pratique d'adoption traditionnelle extrêmement répandue. On peut confier son enfant à d'autres membres de sa famille (grands-parents, oncle ou tante, frère ou sœur...) ou à des amis. Parfois, une famille européenne peut accueillir un enfant pour l'élever à l'étranger sur la base d'un contrat moral, cela sans couper le lien affectif avec les parents biologiques, à la différence de la métropole où l'adoption est régie par des lois et de nombreuses procédures administratives et financières complexes. Les enfants polynésiens gardent une attache à leurs origines et leur culture. Mais attention, l'adoption à la polynésienne est tout aussi sérieuse qu'en France et nécessite une base de confiance solide entre parents biologiques et parents adoptifs.

Mon père, lui, a été confié à des amis vivant à Tahaa, Lydia et Mita Hioe, qui ne pouvaient pas avoir d'enfant. Mon grand-père biologique, Etera, était pasteur et mon père a suivi en quelque sorte son parcours en devenant à son tour diacre. C'est ainsi que j'ai été baigné dans la religion protestante.

Dès mon plus jeune âge, j'ai participé à l'école du dimanche. Comme son nom l'indique, cette pratique a lieu tous les dimanches. Avant la grande messe, les enfants, répartis par classes d'âge, sont accueillis au temple. On y apprend un enseignement biblique en tahitien selon la religion protestante.

En plus de cela, j'assistais aux activités de l'UCJG (Union Chrétienne des Jeunes Gens). Régulièrement, de grands rassemblements s'organisaient entre les huit districts situés sur le pourtour de l'île. Chaque paroisse préparait des chants et des danses pour honorer notre croyance et notre foi en Dieu. Des tournois de volley-ball et de pétanque animaient également les week-ends et nous prenions toujours cela très à cœur. Chaque match gagné mettait en lumière notre district : Patio.

C'est grâce à mon grand-père Etera que j'ai appris à vivre dans l'humilité, le partage et la simplicité. Chaque jour qui passe, j'essaye d'appliquer ses préceptes : accepter les choses comme elles viennent, en vivant au jour le jour, le plus calmement possible tout en gardant mes projets en ligne de mire.

Avec Mémé et Copae

Je passais mes week-ends et mes vacances dans la vallée ou sur les *motu*, les îlots, avec mes grands-parents *fa'a'amu*, Mémé Lydia et Mita Hioe surnommé «*Copae*»: grand-père pour les Polynésiens. Mais pour tout vous dire, ce n'était pas forcément pour se la couler douce. Je me levais aux chants des coqs, prenais un bon petit déjeuner avec des *firifiri*, des beignets sucrés, ou du pain coco et la journée de travail commençait pour ne s'achever qu'au coucher du soleil. J'allais dans les champs avec Mémé et Copae pour cultiver de nombreuses variétés de fruits et de légumes exotiques comme les taros, les maniocs, les bananes *fē'i*: des plantains. Puis nous embarquions à bord d'un petit bateau à moteur en direction du *motu* Niuniu. Nous passions des heures à y ramasser puis à nettoyer des coquillages aux couleurs éclatantes. La journée défilait à grande vitesse et je n'avais pas le temps de m'ennuyer. Lors de cette période, j'ai appris toutes les choses qu'un Tahitien doit savoir pour se débrouiller seul dans sa vie. Mes grands-parents me répétaient sans cesse: «*Si tu veux être un homme, tu dois apprendre le travail de la terre, le coprah (de l'albumen de noix de coco séché) et la pêche. Tu pourras alors nourrir ta femme et tes enfants*» ou encore «*tu mangeras par la sueur de ton front*». Tout ça, en tahitien bien sûr.

Quand arrivait la saison du café, ma famille était mise à contribution dans toutes les étapes de la récolte jusqu'à sa préparation. Et attention : Copae veillait au grain ! Il supervisait le travail avec un regard implacable de la cueillette jusqu'au séchage. En véritable passionné, il avait le goût du travail bien fait, d'où sa grande exigence envers nous. Dès notre plus jeune âge, il nous a inculqué que le travail ne doit pas être une corvée. Aussi, nous trouvions toujours une façon de rendre la tâche plus amusante. Par exemple, pour moudre le café du matin avec un petit moulin à café manuel, nous nous lancions le défi, avec Liana et Endy, d'être plus rapide que les autres. Je me souviens comme si c'était hier du bruit que faisaient ces milliers de grains de café lorsqu'on plongeait la main dans les grands sacs où ils avaient été stockés et de l'odeur embaumant la cuisine lorsqu'on commençait la torréfaction au feu de bois.

De son côté, ma grand-mère se faisait un plaisir de nous préparer de bons petits plats dont elle seule avait le secret de fabrication et dont je garde précieusement les recettes aujourd'hui. Alors, quand venait le goûter, nos papilles gustatives étaient en éveil ! Nous nous régalions avec ses fameux pains perdus à la vanille de Tahaa réalisés avec le reste du pain de la veille, ses succulentes crêpes à la banane du jardin ou bien encore son onctueuse confiture de goyave cuite à point. Dès qu'elle avait le dos tourné, j'étais toujours le premier à avoir la main dans le plat. Impossible d'y résister ! Et puis je pouvais me le permettre car j'étais plutôt mince.

Pour égayer nos soirées, nous écoutions le petit poste de radio connecté à RFO, seule radio de toute la Polynésie à l'époque. En même temps, nous confectionnions des colliers de coquillages pour les vendre et, entre Liana, Endy et moi, tout était toujours question de compétition. On ne gagnait rien d'autre que la satisfaction de finir premier. Nous passions aussi de bons moments en jouant à des jeux de cartes, notamment un dérivé tahitien de la bataille. On se donnait des noms d'animaux et dès qu'il y avait bataille, il fallait se souvenir du nom d'animal de la personne qui avait la même carte que soi et siffler pour pouvoir remporter la partie. Essayez donc pour voir, vous verrez que ça complique drôlement le jeu !

Mon tout premier vélo était un BMX qui faisait fureur en ce temps-là. J'avais fait des pieds et des mains pour l'avoir (d'autant plus qu'Endy avait déjà le sien) et à force de persuasion, je l'avais obtenu. Je me rends compte, aujourd'hui, du sacrifice que Mémé a dû faire pour me l'offrir malgré le peu d'argent dont elle disposait. Mais, à l'époque, j'étais trop jeune pour m'en soucier. Je chérissais mon vélo rouge et veillais à son entretien tous les jours ! Je récupérais les pièces de vieux vélos que je ramassais chez les gens du quartier pour pouvoir remplacer celles qui étaient endommagées sur le mien. J'étais plutôt fier de moi lorsque j'arrivais à remettre mon vélo en état de marche.

La plus grande richesse de mes grands-parents était leurs petits-enfants, rappelaient-ils volontiers. Avec nos parents, ils nous ont appris la vie « à la dure ». Il n'était pas rare de recevoir des coups de balai de *nī'au*, une tige de palme, ou de savates, en guise de punition. Je dois dire que je n'étais pas un enfant très calme mais j'essayais de ne pas trop le montrer. Je prenais un malin plaisir à taquiner tout le monde et je rentrais chez moi le soir, couvert de boue de la tête jusqu'aux pieds ou alors les vêtements complètement déchirés. Je rechignais toujours un peu à exécuter les corvées domestiques comme ratisser le jardin ou faire la vaisselle… Ce qui avait le don d'agacer mes grands-parents ! En général, j'arrivais souvent à esquiver le balai *nī'au*, surtout lorsque ma grand-mère le tenait. Quand mon grand-père s'en saisissait, c'était tout autre chose. Je profitais alors de la protection de Mémé en me cachant derrière ses jupons ou plutôt ses *pāreu*, ses paréos.

Malgré tout ça, j'ai vécu une enfance marquée par l'affection et surtout l'apprentissage de la vie de Mémé et Copae : deux personnes admirables que je n'oublierai jamais.

Une nature pleine de richesses

Enfant, je me revois insouciant et curieux, cherchant la découverte et l'aventure autour de moi. Mes plus beaux souvenirs restent liés à mon île et sa nature dans mes expériences de gamin intrépide. J'aimais par-dessus tout grimper et me percher dans les arbres. Il y a quand même eu un manqué au moins une fois lorsque je suis tombé d'un arbre à pain majestueux. Résultat tout aussi magistral : un poignet cassé ! Cela m'a valu trois mois de plâtre et l'obligation d'écrire de la main gauche. Je ne faisais pas trop le fier à ce moment-là mais cela ne m'a pas empêché de recommencer à explorer les cimes des arbres et les hauts cocotiers.

Dans cette nature pleine de richesses, mes copains et moi nous amusions à faire des parties de cache-cache interminables, à construire des cabanes en bois, à plonger dans la rivière en inventant mille prouesses. Je me rappelle avoir été poussé dans l'eau un jour par mes cousins : c'est comme cela d'ailleurs que j'ai appris à nager !

Quand arrivait la faim, il nous suffisait de tendre la main pour cueillir des mangues, des caramboles, de la goyave, de la canne à sucre. Nous attrapions aussi à la main des chevrettes, des crevettes d'eau douce, que nous faisions griller au feu de bois. En guise d'amusement, en fonction de la période de l'année, nous nous fabriquions nos propres jeux sans dépenser un seul centime : les lianes récupérées dans la vallée nous servaient de cordes à sauter, les cailloux taillés minutieusement remplaçaient les osselets, les bambous s'utilisaient comme sarbacanes et les petites graines rondes toutes grises qu'on allait cueillir dans la brousse faisaient office de munitions. On rejouait un peu *La Guerre des boutons* mais avec des sarbacanes. L'un de nos passe-temps favoris était la construction de radeaux en bambou ou en bois qui nous permettaient de partir dans la lagune pour pêcher des crabes à la ligne ou avec des nasses. Quand on arrivait à avoir de grosses pièces, on les rapportait pour les vendre ou les déguster en famille.

Lorsque venait le temps des colonies de vacances ou des camps d'ados, j'attendais avec impatience la journée survie. Tôt le matin, alors que nous n'avions pas pris notre petit déjeuner, les animateurs nous distribuaient un kit de survie composé d'un fil de pêche, d'un hameçon, d'une machette, de deux ou trois allumettes et d'un litre d'eau et nous devions nous nourrir. Alors que certains utilisaient leur argent de poche pour acheter en douce des sandwichs et du soda, mes amis et moi prenions le jeu très au sérieux. On mettait un point d'honneur à pêcher du poisson, fabriquer du lait de coco et déguster le fruit de notre labeur.

L'art du tressage, un savoir-faire ancestral

Tous les samedis, Mémé Lydia m'apprenait à tresser les feuilles de palmes de cocotier en petits paniers pour y mettre le poisson ou le poulpe destiné au *ahimā'a*. Le *ahimā'a* est un outil de cuisson creusé dans la terre, utilisé pour préparer des plats typiques de chez nous. Pour recouvrir le four tahitien, elle m'apprenait à confectionner des tapis de feuilles de *pūrau*, un arbre très répandu en Polynésie, dont les écorces servent à la fabrication de cordages et de *more*, des jupes en fibre végétale utilisées pour la danse.

En plus de l'apprentissage en famille, je participais aux activités traditionnelles mises en place par l'école et instaurées dans le cadre du « contrat bleu », un dispositif d'animation culturelle proposé par la commune. Le tressage éveillait ma curiosité ! Tous les mercredis après-midi, des *māmā*, des dames âgées du village, venaient nous apprendre à confectionner des *pāua*, des toitures de maison, ou bien des *'ō'ini*, des paniers tressés à l'aide de feuilles de cocotier ou de pandanus.

J'avais déjà conscience qu'il fallait tirer profit de la générosité de la nature. J'observais et je mémorisais avec la plus grande attention chaque geste et chaque technique. Nasses et filets pour la pêche, paniers, costumes, instruments de musique, parures. Autant d'objets créés grâce à un savoir-faire ancestral transmis de génération en génération. Au-delà de la création de véritables œuvres d'art, le tressage fait partie de notre patrimoine culturel.

La récompense de l'effort

Vers l'âge de huit ans, je me débrouillais pour gagner un peu d'argent de poche. J'allais dans la vallée pour ramasser du *māpē*, un fruit qui ressemble à la châtaigne, que ma mère ou ma grand-mère mettait à cuire. Ensuite, je faisais du porte-à-porte dans le quartier. Quand les gens me voyaient arriver les bras chargés, ils savaient que j'avais des choses à vendre et certainement pour m'encourager mais aussi parce que mes produits plaisaient, ils achetaient tout en quelques secondes. Avec cet argent, je pouvais acheter des billes à mes copains lorsqu'ils ne m'en prêtaient pas ou des sandwichs à l'épicerie en guise de récompense. Je travaillais aussi, avec un copain, pour la grand-mère chinoise du quartier que l'on appelait Pohopoho. Elle avait besoin de nous pour aller ramasser des noix de coco qu'elle donnait à manger aux cochons. Elle nous payait 50 francs Pacifique chacun (environ 50 centimes d'euros) lorsqu'on lui ramenait deux sacs de cocos. On les dépensait tout de suite en achetant de la glace rouge, un mélange d'eau colorée et de lait concentré congelé dans des gobelets, ou des bonbons coco qu'elle-même vendait dans son magasin. Et puis, il y avait la famille de mon meilleur ami d'enfance, Moïse. Je faisais de petits travaux avec lui chez ses grands-parents qui tenaient à l'époque une des épiceries du quartier juste en face de chez Pohopoho. On rangeait les affaires dans le magasin ou bien on ratissait les feuilles dans la cour et ils nous récompensaient par quelques pièces ou par des friandises.

Lorsque ma grand-mère vendait les colliers de coquillages qu'on avait confectionnés ensemble, elle me donnait une partie de l'argent récolté, ce qui me motivait encore plus à aller chercher des coquillages, à les préparer et à créer de nouveaux colliers. J'avais déjà le goût de l'effort à cette époque-là car j'ai très vite compris que l'effort mérite récompense.

Quand mes parents ne travaillaient pas, ils profitaient de l'occasion pour nous emmener dans les champs. Ils nous apprenaient à planter toutes sortes de plantes vivrières. Mon père se chargeait de nous montrer comment creuser les trous et repiquer les boutures de manioc, les rejets de bananiers ou les boutures de lianes de patate douce. Il m'a même appris à planter l'igname, il participait ensuite au concours de la plus grosse igname de toute l'île. Il ne remportait pas souvent le premier prix, mais j'étais fier d'avoir contribué à les planter.

Lorsque j'ai atteint l'âge de quatorze ans, mon père a commencé à m'apprendre la préparation du coprah avec mon frère, Endy. Mon aîné fendait les noix de coco avec une hache et moi, assis sur un tabouret de fortune, je me chargeais d'en extraire la chair épaisse et dure. Pour cela, j'utilisais une lame de couteau incurvée en fer et bien aiguisée. Il fallait la manier avec précaution si je ne voulais pas arracher la main (ou autre chose...) qui tenait la demi-noix de coco posée entre mes cuisses. Après les avoir décortiquées, nous devions les entasser dans des sacs en jute qui pouvaient atteindre entre 70 et 80 kilos chacun (environ 30 kilos pour nous, les enfants). Enfin, nous devions porter tous ces sacs sur le dos jusqu'à la voiture, parfois il fallait même traverser une petite rivière avant de remonter sur la route et atteindre la voiture. Cependant, la récompense arrivait invariablement au bout de quelques jours, grâce à la récolte puis à la vente du coprah séché. Je ne savais pas, à ce moment-là, que je me préparais déjà aux célèbres épreuves de « Koh-Lanta » !

En parallèle, avec ma mère, j'apprenais à faire la cuisine. À cet âge, je ne pensais pas une seule seconde que j'en ferais mon métier. J'ai cuisiné très tôt pour ma famille. Ils étaient en quelque sorte mes cobayes. Un jour, alors qu'on travaillait le coprah, mon père m'a demandé de rentrer préparer le déjeuner. J'ai mijoté mon premier plat : un ragoût de poulet aux pommes de terre. J'avais dix ans. Je cuisinais aussi des gâteaux à la banane, au beurre ou au chocolat que je mettais en dépôt-vente au magasin de Moïse (s'ils n'étaient pas mangés avant !).

Tous les dimanches, à 5 heures du matin, nous préparions le *ahimā'a* et j'aimais bien y participer. C'était l'odeur de la fumée qui me réveillait. Cela voulait dire que les pierres volcaniques commençaient déjà à chauffer sur le feu et que je n'étais pas à l'heure. Je me levais donc et m'attelais rapidement au travail : râper le coco, nettoyer puis envelopper le poisson-perroquet dans les feuilles de palmier tressées, préparer le *po'e* à la banane et au potiron, un dessert traditionnel avec de la farine de manioc et du lait de coco frais. Toutes ces préparations étaient soigneusement déposées dans le four aux côtés du manioc, des patates douces et des *fē'i*. Vers 8 heures, nous recouvrions le tout de tapis de feuilles de *pūrau* et de sacs de jute. La cuisson à l'étouffée durait entre trois et quatre heures. Alors nous avions le temps d'enfiler nos plus beaux vêtements (une chemise à fleurs pour moi) et d'aller à la messe du dimanche en famille. À notre retour, dès l'ouverture du four, l'odeur de tous les aliments était saisissante et nous mettait l'eau à la bouche. Nous déposions tout sur la table et, tout endimanchés que nous étions, nous dégustions ces mets délicieux avec les doigts ! Ne vous offusquez pas, en Polynésie, il est coutume de manger le *mā'a tahiti*, le repas tahitien, avec ses doigts en guise de couverts et c'est bien meilleur !

Aujourd'hui je réalise pleinement combien ma vie à Tahaa m'a enseigné de choses. J'ai appris à vivre grâce aux richesses naturelles de mon île. J'ai goûté au plaisir de l'effort récompensé. J'ai grandi ainsi en parfaite harmonie avec les valeurs que ma famille m'inculquait, imprégné de la culture polynésienne, en étroite complicité avec la nature.

Mes passions avant tout

Très jeune, je ne comptais pas les heures d'entraînement dans mes pratiques sportives. Dès que je rentrais du collège, je lançais mon cartable dans un coin de la maison et je filais directement au gymnase. J'aimais par-dessus tout le volley-ball, mon sport de prédilection. Au tout début, pendant les matchs, je passais plus de temps sur le banc de touche que sur le terrain car, de toute évidence, mon coach ne voyait pas en moi le meilleur élément. Vous vous souvenez, j'étais petit et plutôt maigre : pas forcément taillé comme un athlète donc ! Le coach me faisait uniquement rentrer sur le terrain pour couper l'élan du jeu de l'équipe adverse qui prenait de l'avance. Puis je repartais sur le banc de touche et le joueur que je venais de remplacer reprenait sa place.

Grâce à ma détermination et à mes nombreux entraînements, j'ai commencé à faire mes preuves. Au collège, je faisais aussi partie de l'équipe de volley-ball pour les rencontres inter-établissements. Ces sorties extrascolaires nous permettaient de nous évader, le temps d'une après-midi, et d'échapper à la routine des cours.

Par la suite, lors de mes années de lycée à Tahiti, j'ai intégré le club des Jeunes Sportifs de Papeete (JSP) en catégorie junior. Dans cette équipe, j'ai vraiment pris goût à la compétition. Le niveau de jeu n'était plus le même qu'à Tahaa. J'ai rapidement évolué grâce à mon oncle

Norbert qui nous coachait et me faisait jouer de temps en temps dans son équipe senior. En 1997, malgré ma double entorse à la cheville gauche, nous avons terminé troisième du championnat junior de Tahiti et en 1998, premier avec le titre de Champion de Tahiti junior. La même année, j'ai été repéré pour la sélection tahitienne des moins de vingt ans pour participer aux Jeux de Polynésie (l'équivalent des Jeux Olympiques à l'échelle du Pacifique). Quel honneur ! Pour vous donner un exemple, imaginez un jeune de Béziers intégrant l'équipe de France. Malheureusement nous avons fini deuxième face à une grande équipe senior des îles Marquises. Mais quelle fierté de remporter le titre de vice-champion de Polynésie !

J'avais envie de me tester dans tous les sports : je me suis essayé au football, au basket-ball, au *va'a*, la pirogue polynésienne, ainsi qu'à l'athlétisme que j'ai pratiqué plus particulièrement lors des Jeux de Polynésie de 2000, mais cette fois, en représentant mon île, Tahaa.

Lors de ces jeux, organisés pendant les vacances d'été, chaque archipel présentait ses meilleurs athlètes. Cela permettait à la fois de favoriser la cohésion entre les îles, de mobiliser la jeunesse et de partager les valeurs du sport. J'avais choisi le triple saut, le saut en hauteur et le 100 mètres. Cependant, pour nos entraînements, il a fallu faire avec les moyens de la commune. Nous n'avions pas de terrain d'athlétisme, aussi nous utilisions les bacs à sable de l'école maternelle de Haamene. Cela ne m'a pas empêché de remporter la médaille de bronze en triple saut, la seule d'ailleurs pour Tahaa en athlétisme cette année-là.

Le *'ori tahiti*, la danse tahitienne, est une pratique artistique, culturelle et sociale, qui permet de transmettre notre patrimoine de façon vivante. J'ai commencé la danse dès que j'ai su marcher. Je participais aux événements comme les fêtes paroissiales puis j'ai rapidement intégré le groupe de danse de Patio, qui regroupait une soixantaine de danseurs pour le Heiva de Tahaa : une manifestation culturelle qui donne lieu à des concours de chants, de danses et de sports traditionnels au mois de juillet. À Tahiti, les groupes peuvent atteindre jusqu'à cent soixante danseurs et musiciens sur scène. C'est l'événement incontournable de l'année pour tous !

J'étais passionné par la danse qui nous permettait à nous, la jeunesse polynésienne, d'approfondir la connaissance de notre histoire, des mythes et des légendes de notre *fenua* et de préserver notre culture ancestrale. L'obligation pour chacun de confectionner son propre costume végétal devenait un réel plaisir. Je pouvais alors utiliser toutes les techniques déjà apprises avec ma famille comme le tressage des feuilles de *autī* pour les couronnes de tête, la préparation du *more* ou bien la création de colliers en fibres de coco, nacre et coquillages. Cependant, nous ne pouvions pas laisser libre cours à notre créativité car nous devions reproduire à l'identique les costumes présentés par le costumier du groupe.

Quand venait la soirée du Heiva et que l'écho du *tō'ere*, un instrument de percussion, retentissait, la magie opérait immédiatement. Heureux et fier, me pavanant dans mon costume végétal aux senteurs enivrantes, je suivais la troupe dans des *ōte'a* endiablés ou des *'aparima* langoureux. Pendant que les *vahine*, les femmes, se déhanchaient avec grâce, nous les *tāne*, les hommes, enchaînions les pas de danse *pā'oti*, un mouvement des jambes en ciseaux. Les applaudissements du public qui en prenait plein les yeux et les oreilles constituaient la récompense de ces longs mois de travail et de répétitions.

Dès la naissance, les enfants baignent dans la culture polynésienne car elle fait partie intégrante de notre mode de vie. Les *tamari'i*, les enfants, suivent leurs parents partout où ils vont et même dans les bringues. On apprend tout par le jeu en imitant les adultes : chanter, danser et même jouer d'un instrument de musique. Pendant les répétitions de danse des plus grands, les instruments à portée de main, nous ne résistions pas à l'appel de la musique. Nous nous faisions bien souvent sermonner pour notre brouhaha. Que voulez-vous, il fallait bien que nous nous occupions !

À dix-huit ans, j'ai participé à mon premier concours en tant que musicien. Mon instrument ? Le *tō'ere*, un instrument fabriqué dans du bois pourvu d'une large fente en son milieu et accompagné d'une baguette en bois. Lycéen à Tahiti, je ne pouvais malheureusement pas répéter avec le groupe pendant l'année scolaire alors, quand je revenais chez moi, à Tahaa, pour les vacances d'été, mon tonton Calvin, chef de la troupe de Hipu, m'intégrait à son orchestre. Cela ne plaisait pas à tout le monde ! J'arrivais à seulement deux semaines du concours alors que d'autres répétaient sans relâche depuis plusieurs mois. Forcément, ça jasait dans le quartier ! Moi, cela ne me perturbait pas plus que ça. Calvin ne m'aurait jamais laissé m'asseoir à ses côtés, dans son orchestre, s'il m'avait considéré comme un piètre musicien.

Et les études ?

J'avais toujours l'esprit ailleurs que dans les bouquins. Je préférais grimper dans les arbres, faire une partie de volley-ball, apprendre le tressage ou bien cultiver la terre avec ma famille. J'allais à l'école sans grande conviction, tout simplement pour ne pas être marqué absent et surtout pour voir mes copains, comme Tamatoa avec qui je jouais beaucoup pendant les récréations. Il est d'ailleurs devenu un ami très précieux dans ma vie un peu plus tard. En élève sérieux, j'apprenais quand même mes leçons, du moins le minimum, comme les tables de multiplication. À chaque erreur, la maîtresse nous donnait un coup de règle sur le bout des doigts, suivi des ricanements des camarades. Une méthode très efficace puisque le lendemain tout le monde connaissait ses tables.

Vous l'aurez compris, les études et moi, ça faisait deux, alors je me suis tourné tout naturellement vers la filière professionnelle. Au lycée professionnel de Uturoa sur l'île de Raiatea, j'avais opté pour un BEP/CAP de mécanique automobile. Plutôt bricoleur, cette option convenait très bien à mes aptitudes. Comme la plupart des élèves de Tahaa, je restais en internat sur Raiatea, une île qui se situe à 4,5 km au sud de Tahaa et qui se partage le même lagon. Cela préfigurait le début de l'éloignement du cocon familial. Tous les dimanches après-midi, je bouclais ma valise de la semaine et mes parents me déposaient en voiture sur le quai à Patio. J'aimais bien arriver en avance pour retrouver, en cachette, ma petite copine du moment. Il fallait compter une heure pour la traversée en bateau qui conduisait une trentaine de lycéens venant de mon village. D'autres préféraient prendre la navette le lundi à 5 heures du matin pour éviter l'internat du dimanche soir. L'internat était surtout le lieu où nous faisions les quatre cents coups avec mes copains. Malgré l'encadrement solide de toute une équipe de surveillants, nous arrivions quand même à tromper leur vigilance. Une nuit, alors que le surveillant de permanence dormait à poings fermés, nous avions enjambé la fenêtre de notre chambre, glissé le long de la gouttière et filé en boîte de nuit ! Comme dit l'expression : Pas vu ! Pas pris ! Pendant les études surveillées, les lycéens de filières générales croulaient sous les devoirs. Pour nous, candidats au BEP/CAP, aucune consigne de devoir dans les cahiers de texte. Nous passions alors le temps en jouant aux dames avec Arnold, un « pion » très sympathique. Avant la douche, nous développions notre musculature d'adolescent. On lestait les lits en ferraille avec l'un d'entre nous qui montait dessus et on comptait par dizaine les « levées de lit ». On se prêtait ensuite aux exercices de pompes à même le sol, le corps tendu sur la pointe des orteils pour travailler les épaules et les bras.

Une autre idée plutôt maligne consistait à s'inscrire aux cours de catéchisme du lycée avec mon ami Calin. Nous ne recherchions pas directement l'enseignement de la doctrine chrétienne, bien entendu. Nous voulions surtout participer aux diverses sorties et soirées organisées tout au long de l'année. Idée que je me suis bien gardé de révéler à mes parents ! Le vendredi après-midi sonnait la fin de la semaine : je reprenais alors la navette pour Tahaa et retrouvais ma famille pour le week-end. Là, j'enchaînais avec bonheur toutes sortes d'activités : le travail dans les champs, le coprah, la pêche, les répétitions de danse et les entraînements sportifs en club ou encore les compétitions. Je n'avais vraiment pas le temps de réviser !

Après l'obtention de mon BEP/CAP de mécanique automobile à dix-huit ans (eh oui, je l'ai eu), je pouvais poursuivre et m'inscrire en Bac professionnel. Pour cela, je devais partir en France métropolitaine ou en Nouvelle-Zélande car la filière n'existait pas en Polynésie. Hors de question de quitter ma famille, mes amis… et surtout mon île ! Pourtant, assez paradoxalement, je désirais vraiment poursuivre mes études pour espérer avoir un meilleur avenir professionnel. Finalement, j'ai opté pour un BEP/CAP énergétique option frigoriste au lycée Atima de Mahina sur l'île de Tahiti (à environ 230 km de Tahaa) : une filière avec plus de débouchés semblait-il. *Exit* la Nouvelle-Zélande ou la France métropolitaine cette année-là. J'ai volé jusqu'à Tahiti avec un petit soulagement.

La semaine, je restais en internat, le week-end, j'allais dans la grande famille de ma tatie Mumu non loin du lycée et durant les vacances, je retournais à Tahaa. Le lycée se situait sur les hauteurs de Mahina, si perché que faire l'école buissonnière aurait relevé d'un défi énorme. À pied, il fallait être courageux et surtout endurant pour entreprendre la descente suivie de la remontée. On profitait souvent de la voiture d'un copain pour se rendre à l'épicerie du quartier et s'acheter des casse-croûtes, des Tim tam ou bien des *pai* à l'ananas, à la goyave ou à la banane (sorte de chaussons aux pommes mais avec une garniture plus exotique). Succulent !

Dans ma dernière année au lycée Atima, l'établissement avait invité un ancien élève qui étudiait cette année-là à Montpellier. Il était venu pour témoigner sur sa vie de lycéen en France et il vanta tellement bien les avantages de poursuivre ses études en métropole que je me projetai déjà dans l'avion du départ ! Pour lui, tout se passait bien, comme il nous l'expliqua avec conviction. Deux années plus tard, je pris sa place pour raconter mon histoire aux jeunes lycéens.

Ces années supplémentaires passées à Tahiti m'ont permis de mûrir le projet et de réellement envisager un départ pour la France, à Nantes ou à Montpellier. À la réception des résultats positifs à mes deux candidatures, le choix s'est offert à moi. Je n'ai pas longtemps hésité pour décrocher mon téléphone et réserver mon billet d'avion pour Montpellier, direction le lycée Jean Mermoz ! Cerise sur le gâteau : mon copain de classe Matahi avait été accepté dans le même lycée que moi.

PARTIE 2

Loin de mon fenua

Le départ

Je suis parti en France à l'âge de vingt ans. J'ai dû tout quitter : ma famille, mes amis, ma Polynésie, pour continuer mes études et obtenir mon Bac en énergétique. Autant vous dire que mon père n'appréciait pas cette idée. J'étais le petit dernier de la famille et il voulait me garder auprès de lui. Quant à ma mère, elle m'encourageait en me répétant que je devais construire mon avenir professionnel. Elle s'est occupée des nombreuses démarches administratives. Il fallait prévoir tellement de choses : ouvrir un compte bancaire, s'inscrire à la Sécurité sociale, engager une demande de bourse d'étude d'enseignement secondaire…

Je me réjouissais de partir, même si loin. À quoi je m'attendais ? À rien ! Hormis le témoignage de Sylvain sur sa scolarité à Montpellier, je n'avais aucun renseignement sur la vie en métropole. Je partais donc pour une destination inconnue comme pour mes futures aventures à « Koh-Lanta », à une différence près. Là, je connaissais au moins mon lieu de destination : Montpellier !

Quelques jours avant le décollage, les jeunes de la paroisse de Patio avaient organisé une fête en mon honneur : une tradition pour chaque départ d'un membre de la communauté à l'étranger. Tous s'étaient attelés à la tâche en dressant, avec ferveur, un buffet gargantuesque de plats typiques de chez nous : poisson cru au lait de coco, poulet *fāfā* (aux épinards), cochon à la broche, taros et bananes plantains, poissons grillés au barbecue… Des boissons rafraîchissantes, comme l'eau de coco ou la célèbre bière Hinano de Tahiti, accompagnaient parfaitement ces mets délicieux. Il régnait une ambiance conviviale, familiale et joyeuse. J'ai pris le temps d'apprécier ce moment en dégustant chaque bouchée de ce dernier *mā'a tahiti* pour me souvenir de toutes ces saveurs. La bringue s'est prolongée toute la journée au son des *'ukulele* et des percussions faites maison telles que la « basse *tura* », une basse fabriquée avec une poubelle, un manche à balai, une corde et la « bouteille de cuillères » en guise de tambourin (pour cela, il suffit de glisser les manches de deux petites cuillères dans une bouteille de bière Hinano vide, c'est très efficace).

Nous avons entonné des chansons apprises au fil du temps comme *A tamau a* du groupe folklorique Fetia : « *A tamau a, a tamau a tatou te here, i to tatou i to tatou taae raa i to tatou taae raa, eiaha ra eiaha ra tatou ia moe, ia farerei ia tatou i roto i te here* » (Continuons à nous aimer, malgré le destin qui nous sépare. Il ne faut pas s'oublier. Nous nous reverrons dans l'amour).

Sur le quai de Patio Tahaa, ils étaient nombreux à être venus me souhaiter le meilleur dans un dernier salut. Le cœur gros, j'ai quitté ma terre nourricière. Une petite larme a coulé le long de ma joue de jeune adulte alors que je montais dans la navette pour l'île de Raiatea. Il a encore fallu prendre l'avion jusqu'à Tahiti. Néanmoins, mes parents avaient tenu à m'accompagner jusque-là. Je réalisais combien toutes ces années avaient été extraordinaires et me demandais si la France m'apporterait autant !

Il était très tôt le matin et il faisait encore nuit quand nous sommes arrivés à l'aéroport de Faa'a (commune de Tahiti). D'innombrables voyageurs faisaient déjà la queue au comptoir d'enregistrement. J'ai pris place tout naturellement dans la file, entre les *Pōpa'a*, les touristes, et les Polynésiens. À quelques mètres de moi, j'ai aperçu Tamatoa, mon ami d'école de Tahaa, entouré par sa famille. Son visage familier m'a tout de suite donné du baume au cœur. Il allait, lui aussi, poursuivre ses études en France, dans un lycée à Béziers. Ma mère avait fait coïncider la date de mon vol avec la sienne afin que nous voyagions ensemble. Sa sœur, Ravahere, l'accompagnait et faisait le déplacement exprès pour l'aider dans son installation. Quant à Matahi, il me rejoindrait quelques jours avant la rentrée scolaire.

En Polynésie, lorsque quelqu'un quitte nos îles, on lui passe des colliers de coquillages autour du cou. À l'inverse, pour l'accueil on offre des colliers de fleurs de *tiare* Tahiti, *tipanie* ou autres fleurs fraîches locales. Je me suis retrouvé paré de plusieurs dizaines de colliers dont les kilos ont pesé sur mes épaules. À quelques pas de nous, un photographe immortalisait les arrivées et les départs en prenant quelques clichés pour le journal local : *la Dépêche de Tahiti*. Nous nous sommes prêtés au jeu de bonne volonté. «*Cela nous fera un souvenir !*», avons-nous dit, partagés entre les sourires affectueux et les émotions de la séparation. Derniers instants complices, dernier au revoir avant l'annonce d'embarquement du vol pour Paris.

Une petite voix intérieure me murmurait : Teheiura, tu es au seuil de ta nouvelle vie ! Dans l'avion, une hôtesse de l'air nous souhaitait la bienvenue en tahitien, «*Ia ora na e maeva*», tout en nous indiquant nos sièges. Nous nous sommes installés et avons écouté avec grande attention les consignes de sécurité. Pendant le décollage, je n'ai cessé de regarder par le hublot. Le soleil se levait et sublimait le paysage. Quelle beauté ! La vue était saisissante : le lagon bleu turquoise aux multiples nuances, totalement plat et semblant immobile, les vagues qui se fracassaient sur les récifs de la barrière de corail, les hautes montagnes verdoyantes inondées par les rayons du soleil… Au fur et à mesure que l'avion prenait de l'altitude, l'île de Tahiti s'est éloignée pour finalement disparaître totalement.

Le choc des cultures

Au bout de vingt-deux heures de voyage, nous sommes arrivés à Paris, en début de soirée. Et là, le grand choc, un peu comme dans le film *Un Indien dans la ville* ! Vous voyez ? Loin de mon île sauvage, des cocotiers, du lagon bleu, je me retrouvais dans un aéroport immense qui grouillait de monde. À la descente, j'étais très naturellement vêtu d'un short à fleurs et chaussé de savates, la typique tenue polynésienne. Je vous assure que je me demandais vraiment ce que je faisais là, dans cette foule inhabituelle, cet environnement de béton et d'acier. Très sincèrement, j'ai même pensé à prendre un billet retour *illico presto*. Heureusement que Tamatoa et Ravahere m'accompagnaient dans ce périple. J'ai profité d'un moment durant lequel nous attendions la voiture d'un ami *farāni* pour passer un coup de fil rassurant à mes parents.

Notre chauffeur nous a ensuite embarqués dans une petite visite guidée improvisée de Paris avant de nous conduire à son appartement. Il faut savoir que, dans l'avion, je n'avais pas beaucoup dormi. Entre la longue liste de films disponibles, la ronde des plateaux-repas, la climatisation poussée à son maximum et l'excitation de la découverte, je n'avais fait que quelques micro-siestes. Épuisé par ce long voyage et le décalage horaire (douze heures avec la Polynésie), je me suis écroulé de sommeil dans la voiture sans même pouvoir profiter de la visite. J'ai quand même senti, à un moment donné, que la voiture ne roulait plus. Impossible d'ouvrir mes yeux, lourds de fatigue. Ce n'était qu'un simple contrôle routier mais les deux policiers s'inquiétaient de me voir complètement inerte à l'arrière de la voiture. Ils s'imaginaient peut-être que j'avais pris des substances illicites :

– Votre ami a un problème ? Il ne va pas bien ?

Ravahere a expliqué que nous arrivions de très loin et que nous étions vraiment fatigués. J'entendais tout mais me trouvais dans l'incapacité de parler tellement ma tête était dans le brouillard. En guise de réponse, j'ai soulevé mon pull en pointant du doigt le mot « TAHITI » inscrit sur mon tee-shirt avant de sombrer à nouveau dans un sommeil profond. À notre arrivée à l'appartement, Tamatoa m'a rapporté qu'on s'était fait contrôler au moins trois fois par les policiers avant qu'ils ne nous laissent finalement partir.

Au petit matin, la faim nous a tirés du lit et nous avons donc décidé avec Tamatoa d'aller chercher notre petit déjeuner à la boulangerie la plus proche. Notre baguette et nos pains au chocolat en main, nous étions plutôt contents d'avoir effectué nos premiers pas dans Paris sans trop de difficultés. Mais notre satisfaction a été de courte durée. Nous n'arrivions pas à retrouver le chemin de l'appartement. Nous avons accosté quelques passants pour leur demander de l'aide mais aucun d'eux n'a daigné nous répondre. Pas de bonjour, pas de sourire, rien ! Presque comme s'ils avaient cherché à nous éviter. On se demandait ce qui clochait. Était-ce notre accent ? Peut-être qu'ils ne nous comprenaient pas ? Était-ce notre tenue plutôt décontractée ou nos longs cheveux noirs ? Ou bien le fait qu'on les tutoyait ? Une des coutumes en Polynésie veut que tout le monde se tutoie, quelle que soit la hiérarchie, qu'on se connaisse ou pas. En France, on alterne le « vous » et le « tu » selon le destinataire mais ça, je ne le savais pas encore. J'ai commencé à prendre conscience des différences avec le *fenua*. Nous avons tourné en rond pendant quelques longues minutes avant de retrouver la rue de notre appartement sans avoir reçu aucune aide.

Après trois jours à Paris, nous avons pris tous les trois le TGV, direction Montpellier pour moi et Béziers pour Tamatoa et sa sœur. Quelques kilomètres plus tard, je me suis donc retrouvé seul, livré à moi-même en gare de Montpellier Saint-Roch ! J'ai alors cherché la station de bus pour rejoindre mon lycée. Après l'avion et le train, j'inaugurais ma première expérience du bus en France.

Chez moi, je n'avais recours qu'au *truck* comme moyen de transport en commun. C'est un camion ordinaire, doté de fenêtres en plastique sur les côtés, souvent décoré de palmes ou de feuillages et réaménagé à l'arrière pour le transport de passagers. Chaque déplacement se fait dans la convivialité car les échanges sont favorisés par la disposition des bancs, positionnés parallèlement et dans le sens de la longueur. Les voyageurs sont assis face à face ou bien à califourchon sur le banc du milieu. Parfois même, le déplacement se déroule dans une ambiance musicale, au son des *'ukulele*. Aucun stress à avoir avec le bus local puisqu'il n'existe ni arrêts, ni horaires précis. Pour monter, on effectue un signe de la main quand on voit le *truck* arriver. Pour descendre, il suffit de sonner pour que le chauffeur s'arrête.

Je me trouvais donc en gare de Montpellier avec ma grosse valise et je naviguais entre les différents bus pour trouver le bon. Lorsqu'on prend le *truck*, on paie au moment de descendre. En montant dans le bus, je me suis retrouvé devant le chauffeur qui m'a réclamé tout de suite le prix de la course : environ 8 francs français. Un peu surpris, je lui ai alors tendu le seul billet que j'avais sur moi, un billet de 50 francs français. À sa tête, j'ai bien vu que cela l'embêtait mais je n'arrivais pas à saisir pourquoi. Je me suis confondu en excuses et comme il n'avait pas de monnaie, il m'a laissé monter gratuitement ! Je venais d'être confronté à une nouvelle difficulté : la monnaie. En Polynésie, nous utilisons des francs Pacifique. Pour avoir une idée du prix que cela pouvait coûter, il fallait faire une conversion à laquelle je ne m'étais pas préparé.

Le lycée Jean Mermoz

Devant moi se dressait le lycée Jean Mermoz que je ne pouvais pas encore complètement visualiser car il s'étend sur près de 9 hectares. J'allais vraiment d'étonnement en étonnement : il était énorme comparé à mes deux anciens lycées !

Avant toute chose, il me fallait m'inscrire à l'internat dont les bâtiments se situaient tout au fond du lycée. J'ai entrepris la traversée de l'immense cour, sans trop savoir où me diriger. Ma tactique pour ne pas me perdre : suivre les lycéens qui avaient eux aussi une valise entre les mains. Sur place, des flèches indiquaient les points de ralliement pour déposer les divers documents administratifs. En attendant mon tour, j'observais en silence autour de moi. La pièce où je me trouvais devait probablement être la pièce à vivre de l'internat puisqu'un baby-foot y trônait. Un groupe de jeunes secouaient les barres du jeu dans tous les sens en poussant des cris joyeux. Ils avaient l'air de bien s'amuser. Il y avait aussi des allers-retours incessants dans la pièce. J'ai aperçu un groupe de filles qui avaient l'air de bien connaître les lieux. L'une d'entre elles a retenu mon attention. Je venais à peine de remarquer cette jolie brune aux cheveux longs et aux yeux rieurs que l'on m'a fait signe d'avancer au bureau.

Une fois mon inscription réglée, je suis monté au deuxième étage du bâtiment, où se trouvait mon dortoir : une grande pièce pour six lycéens. Chacun avait son lit simple, son bureau et sa petite armoire. Cela me convenait parfaitement.

Dans ma valise, je n'avais emporté que des tenues très légères et décontractées : à la polynésienne ! Moi qui avais l'habitude de la chaleur, j'avais choisi une ville dans le sud de la France réputée pour son ensoleillement. Mais en Polynésie, il fait chaud toute l'année tandis qu'en métropole, les saisons sont bien marquées par des températures très variables entre chaud et froid. Il fallait donc que je m'équipe un peu différemment pour la période hivernale : jeans, chaussures fermées et manteau.

J'ai déballé mes quelques tenues et les ai disposées dans mon armoire avec tous mes colliers de coquillage. Ma valise pesait lourd, non pas à cause de mes tenues légères mais en raison du poids des boîtes de corned-beef (on en raffole en Polynésie), de Milo (du chocolat en poudre), des nombreux sachets de bonbons chinois (pruneaux séchés salés et colorés en rouge) et d'autres friandises que ma mère avait pris soin d'ajouter. Elle avait pensé à tout !

Aujourd'hui encore, comme beaucoup de Polynésiens vivant en France, à chaque occasion de retour du *fenua*, je ramène dans mes valises ces quelques produits avec lesquels j'ai grandi et que nous ne trouvons pas ici.

Mes premiers jours au lycée se sont déroulés dans un climat assez agréable. Malgré toutes les nouveautés auxquelles je faisais face, j'étais plutôt à l'aise. Si bien que j'ai surpris tous mes camarades de classe quand je me suis adressé à ma professeur de français en la tutoyant. Je me souviens des regards un peu interloqués autour de moi. On pouvait entendre une mouche voler pendant que tout le monde se retournait vers l'enseignante pour voir sa réaction. Je ne comprenais pas pourquoi ! Un de mes camarades me l'a expliqué. Jusque-là, j'avais toujours tutoyé mes professeurs et j'avais gardé cette habitude que, visiblement, je devais absolument changer. Moi qui suis plutôt de nature réservée, je me faisais déjà remarquer !

Mes professeurs ainsi que les autres élèves peinaient avec la prononciation de mon prénom et de celui de Matahi. Amusé, j'ai accepté qu'ils me surnomment Jack, en référence à mon deuxième prénom, Jacques. Mais ils tenaient à y ajouter une connotation plus moderne : « DJack » !

Professeurs ou camarades de classe, tous nous répétaient la même chose : *Mais qu'est-ce que vous êtes venus faire ici ?* Pour eux, la Polynésie représentait le paradis sur terre et ils ne comprenaient pas pourquoi nous venions nous embêter à venir étudier en France.

Lors de la visite du lycée et des différentes classes, je me suis trouvé un peu décontenancé dans l'atelier professionnel. Pendant que le professeur expliquait le programme de l'année, j'en ai profité pour poser une question, en chuchotant, au lycéen qui se trouvait juste à côté de moi :

– C'est quoi cet appareil ?

– Euh, tu ne connais pas ? C'est une chaudière !

– Une quoi ?

– Eh bien, c'est un chauffage !

En effet, quand je m'étais inscrit, je n'avais pas fait attention aux intitulés précis des différents cours. Je pensais que je ne travaillerais que dans le domaine des techniques de climatisation puisqu'en Polynésie nous n'avons pas besoin de chauffage…

Durant mes deux années de bac professionnel, j'ai enchaîné les cours généraux, professionnels et les stages en entreprise. Le français, l'histoire-géographie et l'anglais ne faisaient pas du tout partie de mes matières favorites ! Je progressais moyennement dans les matières littéraires tandis que j'excellais aux cours d'éducation physique et sportive et à ceux liés aux enseignements professionnels. J'ai tout de même réussi à décrocher mon bac professionnel en énergétique en 2000.

Je profitais des pauses déjeuner et du beau temps pour aller pique-niquer avec les copains sur la pelouse non loin du lycée. J'avais parfois mon *'ukulele* pour mettre l'ambiance polynésienne pendant ce moment de détente entre amis.

Le soir à l'internat, je continuais les entraînements pour me perfectionner dans la pratique du volley-ball. Je m'étais aussi inscrit dans l'équipe du lycée pour les rencontres inter-établissements car la compétition me permettait d'oublier l'éloignement du pays.

Le mal du pays

Malgré ma plutôt bonne acclimatation à toutes ces nouveautés, quelques semaines seulement après mon arrivée, j'ai ressenti une profonde tristesse : j'avais le mal du pays. Vivre aussi loin du *fenua* restait une aventure excitante mais l'immersion dans une autre culture ne se faisait pas aussi facilement que je l'avais espéré. Pourtant, cette nouvelle vie n'était pas si mal. Elle comportait de bons côtés mais tant de choses me manquaient… Je supportais de moins en moins l'absence de ma famille et de mes amis. Mais je me défendais d'envisager de repartir à Tahaa. Je gardais à l'esprit ma première motivation : obtenir mon Bac pour m'assurer un avenir professionnel.

À l'époque, je n'avais pas de téléphone portable pour contacter mes parents alors le week-end, j'achetais des cartes prépayées à codes et je les utilisais directement sur le téléphone fixe de Tamatoa. Mais entre le coût de la communication et les coupures incessantes dues à la distance, les appels s'espaçaient au fur et à mesure que les semaines s'égrenaient. J'avais également fait une croix sur tout envoi de lettre car je savais que les délais de réception avoisinaient un bon mois. Si elle ne s'était pas perdue.

Mon île me manquait : les saveurs, les senteurs de la nature, la beauté du lagon et de l'océan Pacifique, les arbres fruitiers pour se servir directement en cas de petites fringales, et mes activités : la pêche, les balades en pirogue et la création artisanale.

Vivre loin du *fenua* me rendait nostalgique et, dans les moments de profonde mélancolie, je passais de longues heures à écouter en boucle, sur mon lecteur MP3, des playlists de chansons mélodieuses du groupe Te Aho Purotu ou bien de John Gabilou. Gabilou représente toute mon enfance à Tahaa. Il est une icône en Polynésie, au même titre que Johnny Hallyday en métropole ! En ce qui me concerne, il fait partie de mes chanteurs préférés. Je me souviens que j'avais même participé au concours de chant « À la recherche d'une étoile » que Gabilou avait organisé à Tahaa, j'avais dix ou onze ans, et j'avais terminé premier de ma catégorie.

Les week-ends et pendant les petites vacances, je rejoignais Tamatoa à Béziers dans son petit appartement vétuste. Rien que de parler *reo mā'ohi* me rendait joyeux. Nous aimions aussi cuisiner du *mā'a tahiti* avec les produits exotiques achetés à la petite épicerie chinoise du quartier. C'était hors de prix mais on s'en fichait. Nous terminions par une bringue phénoménale, moi au *'ukulele* et lui au *faakete*, une sorte de tambour avec une caisse de résonance dont on joue avec deux baguettes en bois. Je repartais alors à Montpellier, plein d'énergie.

Quand les températures du mois de novembre commençaient à baisser, la chaleur de la Polynésie me manquait. Malgré mes achats vestimentaires adaptés, je n'arrivais pas à me faire aux jeans et aux chaussures fermées. Je continuais donc à me vêtir avec mes tenues estivales (short et savates) tout en portant un manteau spécial grand froid et un bonnet en laine. On me repérait assez facilement dans la cour du lycée. Mon *look* ne passait pas inaperçu : un Polynésien déguisé en esquimau !

Une rencontre déterminante

En partant de chez moi, j'avais pris l'engagement auprès de mes parents (surtout de ma mère) de poursuivre mes études pendant au moins quatre ans. Après le Bac, j'envisageais le BTS. Rencontrer celle qui est devenue ma femme et la mère de mes enfants ne faisait donc pas partie de mes projets initiaux…

J'avais rapidement noué des liens avec de nouveaux amis à l'internat, une bande de petits malins qui s'amusaient à faire des plaisanteries entre eux. Naturellement, je prenais part à leurs jeux (ce qui me rappelait mes années d'internat à Raiatea). On s'amusait à enlever les lattes du lit de l'un d'entre nous et quand il en venait à s'allonger... il atterrissait par terre. Ou encore, on s'ingéniait à piquer la serviette du copain qui prenait sa douche et on attendait sa réaction quand il se trouvait obligé de sortir tout nu. Qu'est-ce qu'on en rigolait à l'époque !

Bien entendu je n'étais pas épargné par ces petits jeux moqueurs. Par exemple, il y a eu ce fameux jour où je faisais mes exercices quotidiens de musculation sur le balcon de ma chambre. J'avais aperçu la jeune fille brune que j'avais remarquée au moment de mon inscription. Elle se tenait, elle aussi, sur son balcon et brossait ses longs cheveux noirs. Des copains avaient compris mon attirance pour elle et ils avaient eu l'idée malicieuse de siffloter pour attirer son attention. Quand elle s'est retournée dans ma direction, je suis rentré en un éclair dans la chambre, de crainte qu'elle pense que j'étais l'auteur de ces sifflements racoleurs. Et ainsi à plusieurs reprises, dès que je la voyais, je mettais tout en œuvre pour qu'elle ne m'aperçoive pas. Une autre fois, alors qu'elle papotait avec ses copines devant la seule entrée du lycée, j'ai dû trouver un moyen pour pouvoir rentrer sans passer devant elle. J'ai pris le risque d'escalader les grilles qui sécurisaient le lycée pour contourner l'entrée du bâtiment !

Malgré tout, j'avais mené mon enquête le plus discrètement possible auprès de mes amis. Elle s'appelait Céline, avait dix-sept ans et étudiait les arts graphiques dans un lycée sans internat près de Montpellier. Elle et quelques-unes de ses camarades de classe venaient donc juste se loger à Mermoz.

Progressivement et par le biais de nos amis respectifs, elle a appris que j'étais tombé sous son charme. Nous nous sommes alors rapprochés, avons discuté et surtout plaisanté, comme lorsqu'elle m'a demandé si je rentrais chez moi tous les week-ends ! Elle pensait naïvement que l'île de Tahiti se trouvait quelque part au large de la Corse. Je ne pouvais pas lui en vouloir, elle ne connaissait pas du tout la Polynésie française, et encore moins de Polynésiens. Tahiti lui évoquait uniquement une célèbre publicité pour gel douche !

Un avenir incertain

À la fin de ma première année scolaire, j'ai enfin pu retrouver les miens à Tahaa. Heureux, j'ai repris mes habitudes et les activités de mon enfance qui m'avaient cruellement manqué : la pêche, la danse, la musique et les compétitions de sport. Mais Céline, restée en France, occupait désormais une place importante dans mes pensées.

La deuxième année, j'ai obtenu mon Bac avec succès et je persistais à vouloir poursuivre en BTS. Seulement, ma candidature se trouvait sur liste d'attente. Je suis revenu sur mon île pour les vacances d'été sans savoir si je retournerais en France. Céline avait décidé de m'y rejoindre. Grâce à l'aide financière de ses parents, elle a parcouru les 16 000 km toute seule, en prenant l'avion pour la première fois de sa vie. (Elle le fera encore, lors de mes aventures à « Koh-Lanta », pour l'épreuve des proches). Cet été-là, j'étais fou de joie de lui faire rencontrer ma famille et mes amis et découvrir Tahaa, le Heiva et toutes nos coutumes.

Durant l'été, mon père me répétait sans cesse que je ne repartirais qu'à la seule condition d'être admis en BTS. Or, aucune réponse positive n'arrivait de la métropole. Je me suis retrouvé dans une situation délicate : d'un côté, Céline avait déjà son vol de retour pour la France et de l'autre, mon père restait intraitable sur la raison première qui devait commander mon départ. Aujourd'hui, en tant que papa, je comprends mieux ce qu'il a pu ressentir et je suppose qu'il a dû penser que j'abandonnerais définitivement mon île natale. Heureusement, ma mère me soutenait. Sans se soucier de son avis, elle avait réservé quand même mon billet d'avion (en misant sur le désistement d'un autre candidat au BTS). C'est comme cela que je suis reparti en France, aux côtés de Céline cette fois-ci, mais dans l'incertitude quant à la poursuite de mes études.

L'AEPF de Montpellier

Durant mes années d'études en France, l'AEPF (association des étudiants de Polynésie française) m'a beaucoup aidé dans mon adaptation à la vie métropolitaine mais aussi dans mon évolution personnelle. Grâce à elle, j'ai acquis plus de maturité en tant que jeune adulte. Il existe en tout dix AEPF localisées dans les plus grandes villes de l'Hexagone et leur rôle est essentiel : accueillir, informer, rassembler et soutenir les étudiants polynésiens poursuivant leur cursus en métropole.

L'association de Montpellier se situe dans les quartiers nord de la ville, près des grandes universités. Elle dispose d'une petite maison avec un jardin que l'on appelle tous « le foyer ». Il était notre repère et je m'y sentais comme chez moi. Nous avions la possibilité de nous y réfugier à notre guise et à n'importe quel moment de la journée. À mon époque, l'association comptabilisait entre 80 et 100 adhérents. Nous formions comme une grande famille avec laquelle on se retrouvait, tous des enfants du *fenua*, à différentes occasions : journées d'intégration, soirées thématiques, fêtes de fin d'année, cours de *'ori tahiti*.

J'y ai vécu des moments magnifiques et fait des rencontres marquantes, comme celle de ma correspondante pour l'internat en cas de problème : Mme Teraipoia Hoioire que l'on appelait tous « Grand-mère ». Malgré son âge avancé, elle participait à toutes les manifestations organisées par l'association. Et en général, elle faisait partie des derniers fêtards ! Une mémé « bringueuse » dont émanait la joie de vivre. Elle portait toujours avec élégance un chapeau tressé en pandanus agrémenté d'une couronne de fleurs artificielles. En dehors des festivités, elle mettait un point d'honneur à apprendre le *reo mā'ohi* aux jeunes Tahitiens et, en fidèle croyante, elle bénissait chacun de nos repas en chantant avec grâce et amour : « *E ha'amaita'i te atua.* » Nous la considérions comme notre propre grand-mère, nous la respections et l'aimions profondément.

Le foyer proposait différentes activités : la danse, la musique, le sport (basket-ball, football et volley-ball) ainsi que l'apprentissage du *reo mā'ohi.* Nous n'avions que l'embarras du choix. Et moi, tout m'intéressait ! Je me suis investi pleinement dans l'association en prenant diverses responsabilités tout au long de mes années passées à Montpellier. C'est ainsi que je suis devenu chef de groupe de *'ori Tahiti* des garçons et chef cuisinier pour la préparation du *ahimā'a* à l'occasion de la journée culturelle.

J'ai participé aussi aux entraînements de volley-ball et, avec mon équipe, nous nous sommes préparés toute l'année pour tenter de remporter la coupe du « Rassemblement ». Avant l'arrivée de l'été, la jeunesse polynésienne, éparpillée un peu partout dans l'Hexagone, se réunit dans un même lieu autour d'un même événement : le rassemblement, ou « rass ». Il est organisé par la fédération regroupant les dix AEPF qui présentent leurs spectacles de danse, s'affrontent dans des épreuves sportives, proposent des conférences durant tout un week-end. C'est le rendez-vous incontournable qui marque la fin de l'année scolaire. On peut alors décompresser en faisant la fête tout en mettant à l'honneur son association en essayant de rafler toutes les victoires. Et sans vouloir être « chauvin », l'AEPF de Montpellier possède une belle collection de coupes disposées consciencieusement, année après année, sur les étagères du foyer !

Chef du groupe Iaora Tahiti

En dehors du foyer, avec certains danseurs et danseuses, nous donnions des représentations dans des petits restaurants, des campings, lors de mariages ou bien pour des événements comme le Téléthon.

Un jour, alors que je ne m'y attendais pas, je me suis retrouvé chef du groupe. Petero m'a transmis toutes les choses à savoir pour prendre sa place en tant que leader de l'équipe. Ses études se terminaient et il allait rentrer définitivement chez lui. Avec l'aide de Céline qui s'est occupée de toutes les démarches administratives, l'association « Iaora Tahiti » est née. Notre objectif : promouvoir la culture polynésienne à travers des spectacles de danse dans le sud de la France.

Nous n'avions pas la prétention de nous comparer aux plus grands comme la célèbre troupe *O Tahiti E*, dirigée par les mains de maître de Marguerite Lai, car nous n'en avions ni le temps (priorité aux études), ni les moyens. Pour prendre un exemple, notre groupe tournait en général avec seulement six artistes par spectacle. Les rotations des danseurs s'établissaient en fonction de leurs vacances ou bien de la fin de leur scolarité qui impliquait souvent un départ définitif de la France. Qu'importe la taille du groupe, nous tenions à faire partager notre culture aux métropolitains en proposant un spectacle de qualité. À la clôture de chaque soirée, les compliments du public satisfait nous rendaient tout joyeux. Tant de fabuleux moments passés où nous faisions le show avec Ahutea, Bryce, Diana, Herenui, Hinatea, J.B, Laure, Marc, Moetia, Nano, Kessa, Roniu (Roniu est reparti vivre au *fenua* depuis et danse dans différents groupes dont celui de *O Tahiti E*) et Joseph (champion du monde de danse du feu en 2012, 2013 et 2015). Ce dernier m'a appris cette danse originaire des îles Samoa. Je n'oublie pas mon complice de Tahaa, Tamatoa, aux percussions (Tamatoa a remporté le 1er prix en catégorie musicien solo en 2018 au concours du Heiva International).

Je nous revois encore en train de confectionner des coiffes ornées de nacre, de *nī'au* ou de plumes de coq ; des colliers avec une multitude de coquillages glanés par ma maman sur les *motu* de Tahaa, des couronnes en tressant des feuilles d'iris qu'on allait couper sur les abords des routes en pleine nuit.

Aujourd'hui, quand je regarde tous nos costumes rangés dans le grenier, j'avoue avoir une petite nostalgie de cette époque. L'idée de reformer le groupe Iaora Tahiti me trotte souvent dans la tête !

Tatau sur la peau

Se faire tatouer est une décision à ne pas prendre à la légère car en Polynésie l'art du *tatau*, du tatouage, est intrinsèquement lié à notre culture. Avant l'arrivée des missionnaires en Polynésie, les guerriers et les chefs de tribu utilisaient le tatouage pour indiquer leur identité et leur rang social. Aujourd'hui, le *tatau* est très prisé par les jeunes Polynésiens en quête d'un retour aux valeurs culturelles et traditionnelles.

Pour être honnête, mon premier tatouage a été réalisé sur un coup de tête, même si l'idée sommeillait en moi depuis longtemps certainement. Vivant loin de chez moi, je ressentais le besoin de marquer un peu plus mon appartenance à ma culture, de graver en quelque sorte mon histoire sur ma peau.

J'avais vingt-deux ans quand, un soir, à l'appartement de Matahi, Arnaud, un ami calédonien qui étudiait les arts, a voulu dessiner sur mon mollet une raie manta, symbole d'humilité. Comme nous devions partir à notre répétition de *'ori Tahiti* au foyer, il s'est empressé de la réaliser au feutre noir.

Tout en me concentrant sur mes pas de danse, l'idée d'un vrai *tatau* s'est ancrée en moi : pourquoi ne pas transformer ce tracé en tatouage ? Et pourquoi ne pas le faire directement ce soir-là après la répétition ? D'autant plus que Matahi avait tout le matériel artisanal nécessaire.

De retour à l'appartement, Arnaud s'est mis au travail. Il a effacé sa première ébauche puis a entrepris très minutieusement le dessin de la raie manta, non plus sur le mollet mais sur le tibia (aïe) ! J'étais son cobaye ! À trois heures du matin, après avoir pris les précautions d'hygiène nécessaires, il a commencé à piquer l'aiguille dans ma peau pour terminer trois heures plus tard. Autant vous dire que je n'ai pas échappé à la fatigue due au temps de travail sur ma jambe. Une fois le tatouage réalisé, nous n'avons pas beaucoup dormi puisque nous devions prendre le bus pour le lycée tôt le matin. C'est ainsi que mon premier tatouage a été conçu. Et si je vous disais maintenant qu'Arnaud n'avait jamais tatoué auparavant. Vous me croyez ?

L'année suivante, j'ai rencontré un tatoueur professionnel, Cuong, installé à Montpellier. À l'occasion d'un spectacle de danse organisé par l'AEPF, il avait réalisé le tatouage temporaire d'un oiseau marquisien, symbole de liberté, sur toute ma cuisse. Devant la beauté du dessin je l'ai encouragé à le tatouer définitivement. Par la suite, il a effectué quelques retouches sur mon premier *tatau* qui s'était légèrement dégradé avec la cicatrisation : des détails s'estompaient et le remplissage à certains endroits devenait moins noir. Enfin, il s'est mis à l'œuvre pour la conception de mon troisième et dernier tatouage : un requin symbolisant l'esprit combatif et la protection. Le tatouage s'étendait de mon épaule jusqu'à mon torse et il me correspondait totalement. J'étais plus que satisfait par son excellent travail.

Pour tout vous dire, mon père n'aimait pas l'idée que ses enfants se fassent tatouer. Pour expliquer cette réticence, il faut remonter dans l'histoire de la Polynésie.

À une certaine époque, des missionnaires protestants ont fait interdire la danse, le chant et le tatouage. Malgré la réhabilitation de ces coutumes depuis quelques années, mon père, très attaché à sa religion, avait du mal à revenir à cette liberté d'expression. Pas de chance pour lui, nous sommes tous passés sous l'aiguille : Liana, Endy et moi, malgré sa désapprobation. Cependant mes parents se caractérisent par leur grande tolérance et nous n'avons jamais reçu aucun reproche à propos de nos *tatau*. En revanche, je savais que mon père avait des limites. Il nous avait juré qu'il nous pendrait au manguier si jamais l'un d'entre nous osait toucher à la drogue ou à d'autres produits illicites. Ses paroles résonnent encore dans ma tête aujourd'hui.

Ma vie en France

Retour à ce fameux été avec Céline, en 2000. Quand je suis revenu en France, aucun désistement de dernière minute n'avait eu lieu pour le BTS. J'ai alors dû envisager un autre parcours pour pouvoir rester auprès d'elle. Certains amis polynésiens m'avaient parlé de leur cursus à la faculté des sciences et techniques des activités physiques et sportives qui se situait non loin du foyer de l'AEPF de Montpellier. Une aubaine pour moi ! Grand passionné de sport, je me voyais déjà professeur d'éducation physique et sportive. Mais le programme de STAPS comporte aussi des sciences comme l'anatomie, la biologie, la physiologie, la psychologie ou la sociologie. Devant les difficultés et la complexité de la licence et malgré l'obtention de mon DEUG trois ans plus tard, j'ai admis que je devais changer à nouveau d'orientation.

En quête de reconversion professionnelle, la restauration m'apparaissait comme un métier en plein essor et m'a semblé être une filière idéale. La cuisine avait fait partie de mes plaisirs de création dans mon enfance, puis de réalisation et de partage pour mes amis en métropole. Je voulais un métier qui me passionnerait au quotidien. J'ai obtenu avec brio le diplôme de cuisinier au centre de formation à Sète en 2006. Une nouvelle aventure se profilait : la création culinaire qui pouvait allier les gastronomies française et polynésienne.

Tout nous réussissait : je m'épanouissais dans le travail de cuisinier que j'avais choisi, Céline avait réussi son concours de professeurs des écoles dans le département de l'Ain et nous avions pris la décision de nous marier en France en juillet 2006, puis à Tahaa afin que nos deux familles puissent assister à l'événement. Comme le veut la tradition polynésienne, nous avons reçu un nom de mariage polynésien : « *Tiaitau mā* » qui signifie « gardien du temps » car nous avons attendu huit ans avant de nous engager officiellement pour la vie. Ce nom de mariage, nous le devons à mes grands-parents, Mémé et Copae, qui portaient déjà le même. Tout comme nous, ils avaient attendu et pris le temps avant de se marier.

Nous avions tous les deux un travail et, très naturellement, nous avons décidé de fonder notre foyer en métropole, dans l'Ain. J'étais fou de joie quand j'ai appris que j'allais devenir papa ! Quelques mois après notre mariage, Manavai est née : notre petite source sacrée (en tahitien). Une nouvelle vie à trois allait commencer, d'évidence très paisible. Mais l'existence n'est pas un long fleuve tranquille, paraît-il ! Et il semble que Céline et moi portions en nous comme un parfum d'aventure…

PARTIE 3

« Koh-Lanta »

« Koh-Lanta », sur mon petit écran

J'habitais en France quand la célèbre émission d'aventure « Koh-Lanta », produite par Adventure Line Productions, est apparue sur TF1. Cet été 2001, j'ai été immédiatement captivé par le concept de l'émission : une vingtaine de candidats endossant le rôle de Robinson Crusoé sur une île déserte durant une quarantaine de jours. Ce qui m'a plu avant tout, c'était le côté aventure. Cela me passionnait de les voir évoluer et survivre dans un milieu hostile, de les regarder s'affronter sur des épreuves sportives et d'imaginer le dépassement de soi que cela nécessite pour parvenir au sacre de l'ultime survivant tout en empochant les 100 000 euros. Depuis cette première diffusion, je n'ai jamais raté un seul épisode !

Je n'ai pas forcément pensé à postuler dès le départ car j'étais encore très jeune et le monde de la télévision m'apparaissait comme un milieu fermé et inaccessible. De plus, compte tenu de mes difficultés à m'acclimater à la vie en France, on peut dire en quelque sorte que je faisais déjà mon propre Koh-Lanta. C'est lors de la saison 7 en 2007 que j'ai eu le déclic. Je ne vais pas vous mentir, « on » m'a quand même un peu, voire beaucoup, poussé. Mes proches et particulièrement ma femme, Céline, n'arrêtaient pas de me répéter de tenter le coup. De mon côté, je restais persuadé qu'un gars des îles ne présenterait aucun intérêt dans l'émission puisque je connaissais déjà naturellement pas mal de choses en matière de survie. Alors, avec ma nature très réservée, j'ai dû prendre sur moi et remballer ma pudeur en postant ma candidature. C'était un énorme challenge à relever pour le compétiteur que je suis. À ce moment-là, je ne me doutais absolument pas que « Koh-Lanta » allait bouleverser ma vie.

1re, 2e et 3e tentatives

Chaque année, l'équipe du casting de l'émission phare d'aventure de TF1 reçoit des milliers de candidatures et je me demande comment elle arrive à faire le tri. Je l'imagine complètement noyée sous une montagne de courrier qui arrive au quotidien dans son bureau.

J'ai postulé pour la première fois en 2007 et j'ai été très surpris que l'on me contacte dès ma première tentative pour un casting téléphonique. J'ai été sélectionné pour la suite : un entretien filmé à Marseille. Là, par contre, ça a été assez laborieux ! J'ai peiné à répondre du tac au tac face au jury du casting. Enchaînant les « euh... », je m'exprimais de façon confuse. Dépité par ma médiocre prestation, j'ai senti que ma chance s'envolait. Le résultat fut sans appel, au sens propre comme au figuré, puisque je n'ai plus eu de coup de fil, ni cette fois-ci ni à mes deuxième et troisième tentatives de candidature.

Néanmoins, l'équipe de casting avait gardé mon dossier pour un nouveau jeu télévisé sur M6 : « Total Wipeout ». Certes, cela ne ressemblait en rien à « Koh-Lanta », à mon grand désarroi, mais j'avais décidé d'y participer pour l'expérience, le côté sportif et « casse-cou » du jeu. Je suis parti à Paris pour passer un casting en bonne et due forme. Je me sentais serein et détendu car l'enjeu n'était pas le même pour moi. Deux « casteuses » m'ont scruté de la tête aux pieds et l'une d'entre elles m'a mis directement à l'aise :

– Vous me reconnaissez ?

– … Non, je devrais ?

Quand elle a commencé à me parler de mon précédent casting à Marseille, j'ai fait immédiatement le rapprochement avec « Koh-Lanta ». J'étais face à la directrice de casting, Isabelle Gambotti.

En mars 2009, j'ai ainsi débarqué en Amérique du Sud et plus précisément à Buenos Aires. Je me souviens avoir été très impressionné par les moyens mis en place sur le plateau de tournage. Dans mon équipe, nous étions vingt-quatre candidats à vouloir en découdre et à se lancer à l'assaut du parcours d'obstacles géant de l'émission. Finalement, et malgré mes gamelles hilarantes, j'ai terminé en deuxième position, à trois secondes près du grand gagnant qui a empoché 10 000 euros. J'ai fulminé, forcément, mais avec le recul, je l'ai pris comme une expérience enrichissante et cela a d'ailleurs permis de poser quelques jalons positifs pour la suite. J'ai pu mettre un pied dans le monde de la télévision et surtout avoir une expérience du jeu sportif face à des caméras : deux atouts pour un éventuel prochain casting.

La quatrième fut la bonne

Quand j'ai une idée dans la tête, je m'y accroche : je voulais absolument participer à « Koh-Lanta » Je multipliais les petits actes symboliques pour que l'idée prenne vie. Par exemple, quand je me regardais dans le miroir de ma salle de bains : je voyais le logo de « Koh-Lanta » que j'avais minutieusement accroché. Chaque matin, à mon réveil, je ne pouvais pas le louper ! C'était un de mes rêves et je me devais de le concrétiser. J'ai donc continué à postuler, encore et encore… jusqu'en 2010 où j'ai enfin décroché le Graal !

Pour mettre toutes les chances de mon côté, j'ai tout d'abord remanié ma lettre de motivation en essayant d'être le plus simple possible. Ma femme m'a beaucoup aidé. Elle ne cessait de me répéter que mon profil intéresserait car ma personnalité et mon histoire sont singulières.

Je me disais aussi qu'il fallait absolument que je me démarque des autres candidatures pour éviter que mon courrier ne se noie dans la masse. Visuellement, il fallait quelque chose qui surprenne et retienne l'attention. J'ai alors confectionné un dossier en pandanus tressé. Il ne restait plus qu'à attendre… Petit conseil amical : si vous comptez candidater pour l'émission, sachez que la patience est une qualité qu'il vous faudra avoir du début jusqu'à la fin !

Décembre 2010. C'était plutôt mal parti : le casting avait débuté et un ami m'avait averti qu'il avait déjà été contacté. De mon côté, mon téléphone était en mode silencieux. Je ne montrais rien de mon bouillonnement intérieur mais la période des fêtes de fin d'année arrivait et je vous laisse imaginer à quel point je tempêtais au fond de moi. Jusqu'au jour où !…

Le premier appel

J'avais programmé la musique du générique de l'émission en sonnerie pour tout appel inconnu, ainsi j'évitais de stresser à chaque fois que mon téléphone sonnait. Alors, ce jour-là, quand j'ai entendu la fameuse mélodie, j'ai compris immédiatement que cela ne pouvait être que l'équipe de casting. L'euphorie la plus totale m'a envahi. J'ai contenu mon explosion de joie en décrochant et j'ai essayé d'être le plus sérieux et le plus concentré possible. J'étais à ce moment-là sous la douche : une situation plutôt incongrue pour répondre à un appel ! Comme on dit souvent : tout arrive quand on ne s'y attend pas. En même temps que j'enroulais ma serviette de bain autour de la taille, je répondais :

– Allô…

– Oui bonjour, c'est bien vous Monsieur Té… i… ura ?

– Oui, c'est bien moi.

J'avais le sourire jusqu'aux oreilles et je n'attendais qu'une seule chose, qu'il prononce le mot « Koh-Lanta ».

– C'est l'équipe de casting de « Koh-Lanta ». Je vous contacte car vous avez retenu notre attention.

Évidemment, comme je pensais que le casting avait déjà été bien entamé, j'étais très surpris :

– Je n'attendais plus votre appel… Je pensais que la sélection de la première étape était terminée.

– Ah non, non ! Le casting est toujours en cours et nous ne pouvions pas passer à côté de votre candidature.

Votre profil est vraiment très intéressant, tout comme votre dossier de présentation qui est original !

C'était plutôt bon signe et je me suis dit : Bien joué pour la présentation ! D'évidence, quelques minutes seulement avaient suffi à mon interlocuteur pour se faire son opinion : les questions étaient ciblées sur ma personnalité et mes motivations à vouloir participer à l'émission. Seule question un peu déstabilisante à la fin de l'entretien :

– Pouvez-vous me chanter une chanson ?

Toujours dans ma salle de bains, avec ma serviette autour de la taille, j'ai alors entamé une chanson d'accueil : « *Ia ora na* » de John Gabilou (dommage que mon *'ukulele* ne se soit pas trouvé à proximité). Il n'a certainement pas compris grand-chose aux paroles mais je l'entendais sourire. Céline, attirée par la sonnerie du générique de « Koh-Lanta » ainsi que par ma « performance » vocale m'attendait impatiemment derrière la porte, avec un grand sourire et des yeux interrogateurs :

– Alors ? Alors ? Ils t'ont dit quoi ?

À voir mon visage radieux, elle a compris tout de suite que ce premier contact allait déclencher tous les autres. Pour elle, aucun doute possible. Excellente intuition ! Quelques jours après, je recevais l'appel puis l'e-mail confirmant ma sélection pour l'étape suivante, le casting filmé : « *Félicitations, vous avez passé avec succès les premières phases de sélection de notre casting. Sur un grand nombre de candidatures, la vôtre a retenu toute notre attention et nous sommes heureux de vous rencontrer à Paris en compagnie de notre équipe de casting.* »

Vous vous souvenez du fameux casting filmé que j'avais lamentablement raté à Marseille ? Eh bien, cette fois, j'allais le passer à Paris et je n'avais pas le droit à l'erreur. Je devais me surpasser.

Le premier casting filmé

Je comptais bien mettre à profit l'expérience acquise lors du tournage de « Total Wipeout » pour franchir cette deuxième étape. Ce n'était pas une toute petite caméra qui allait m'impressionner !

J'avais tracé un itinéraire bien précis pour me rendre au point de rendez-vous : un hôtel parisien. Arrivé sur les lieux, un peu en avance ; j'ai dû patienter à l'extérieur en me planquant dans un coin afin de ne pas me faire repérer. À un moment, la porte d'entrée s'est entrouverte. Une jeune femme à l'allure plutôt élégante est apparue dans l'entrebâillement. Et si c'était une future candidate ? À la manière d'un paparazzi cherchant la discrétion, j'ai rivalisé d'audace pour la prendre en photo avec mon téléphone. À ce moment-là, je ne savais pas encore qu'elle s'appelait Alexandra, que nous serions dans la même équipe et tous les deux les derniers membres de la tribu des Wasaï. Hasard ou destin ?

L'organisation du casting était bien orchestrée. Après avoir été accueilli par un membre de l'équipe, j'attendais patiemment mon tour comme trois autres personnes dont on pouvait lire le stress sur le visage.

La paperasse administrative réglée, un casteur s'est présenté à moi et m'a fait entrer dans une petite pièce en m'indiquant la position à prendre : debout sur une croix face à la caméra placée à quelques pas de moi. Il a ajouté d'une voix posée et rassurante :

– Je dois vous laisser quelques instants mais ne vous inquiétez pas, je reviens dans cinq minutes. En attendant vous pouvez vous présenter à la caméra.

– … D'accord, pas de souci.

Je me suis d'abord demandé si c'était une blague puis je me suis dit que cela devait faire partie intégrante du casting, certainement pour déstabiliser les candidats. J'ai pris une grande inspiration, mon courage à deux mains, et j'ai joué le jeu devant ma seule interlocutrice : la caméra. Je lui ai tout raconté (enfin, presque tout car je n'avais que cinq minutes) : mon parcours de Tahaa à la France et pourquoi je me tenais devant elle avec une détermination sans faille. Le casteur, qui est revenu à la fin de ma présentation, s'est empressé de me questionner sur ma vie familiale et professionnelle, mes qualités et défauts, ma motivation. Le « feeling » passait bien et je me sentais plutôt à l'aise. L'entretien s'est alors conclu avec une demande un peu particulière :

– Vous avez quelques secondes pour me surprendre !

Ni une, ni deux, j'ai entamé un *haka*, une danse guerrière rituelle du Pacifique pratiquée pour impressionner les adversaires.

– *Tu taki e ki e ki e ki e hi hi hi kai heva kai heva hi…*

Par cette danse, je revendiquais mon appartenance à la culture du Pacifique mais pas seulement. Si je gardais un tempérament volontairement discret au quotidien, j'affirmais là que je pouvais me transformer en un guerrier redoutable, déterminé à se battre pour la victoire. À peine sorti de l'hôtel, je me suis précipité sur mon téléphone afin de tout raconter à Céline. Ce débriefing m'a permis de remettre tout au clair dans mon esprit, je me sentais vraiment bien. De nouveau, une période d'attente de quelques jours se profilait devant moi. Je n'avais qu'une seule chose à faire : prendre mon mal en patience jusqu'à ce que la musique du générique retentisse. Ce fut vite le cas :

– Bonjour Teheiura, vous allez bien ?

– Bonjour, oui, oui, je vais très bien, merci !

– Je vous appelle pour vous annoncer une nouvelle…

– Oui ?

Quel suspense ! Le souffle coupé, j'attendais impatiemment la suite. Mon interlocutrice me tenait en haleine et se plaisait à différer l'annonce. Enfin, elle déclara :

– … Je vous félicite, vous avez été sélectionné pour participer à la dernière étape du casting de « Koh-Lanta ». Nous vous enverrons, dans quelques jours, un e-mail avec tous les détails pour la suite.

L'émotion était grande, immense, indescriptible !

La sélection finale

La sélection finale prévue à Paris se déroulait autour d'un programme bien ficelé par l'équipe de casting. Sur des milliers de candidats, nous n'étions plus qu'une cinquantaine et j'en faisais partie ! Quelques jours auparavant, j'avais reçu les informations détaillées pour préparer mon itinéraire de la gare au métro, du métro à l'hôtel !

Mon beau-frère, Cédric, m'avait très gentiment hébergé le temps d'une nuit dans son petit appartement parisien d'une dizaine de mètres carrés. Pour mettre toutes les chances de mon côté, il m'avait proposé son lit afin que je puisse me reposer parfaitement. Je n'allais pas refuser ! Quant à lui, il a passé la nuit tel un aventurier, allongé à même le sol.

Au petit matin, pas besoin de réveil, l'excitation m'avait empêché de dormir une grosse partie de la nuit : impossible de refermer les yeux après 3 heures du matin. Malgré le manque de sommeil, je me sentais plein d'énergie et prêt à affronter cette journée si importante pour moi.

Tout en prenant mon petit déjeuner, j'ai regardé une dernière fois ma convocation. Le programme décrivait au moins quatre heures d'activités. Au cours de cette journée, j'allais devoir passer une épreuve de natation ainsi que des tests physiques et sportifs, affronter les membres du jury dans un entretien filmé et rencontrer la psychologue et le médecin de l'équipe.

Après un long trajet en métro, j'avais encore quinze minutes de marche entre la station et le lieu du rendez-vous : un grand hôtel parisien. Plus j'avançais et plus je sentais la pression monter. Mon esprit divaguait complètement : je m'imaginais en pleine épreuve d'orientation sans boussole ni balises pour m'indiquer le chemin, je devais trouver très rapidement le fameux hôtel au risque de me faire éliminer immédiatement. Quel soulagement quand j'ai vu le bâtiment qui se dressait à quelques mètres de moi, de l'autre côté de la rue !

L'heure du rendez-vous était arrivée ! Sur place, j'ai été accueilli chaleureusement par un membre de la production qui devait rassembler et vérifier tous les dossiers administratifs. En bon élève, je lui ai présenté les documents demandés ainsi que des photos de mon album de famille. Non loin de là, un jeune homme blond aux yeux bleus se tenait assis en attendant son tour. Je l'ai jaugé à la sauvette. À voir son gabarit, je penchais pour un profil sportif. Je venais de découvrir Martin qui deviendrait mon plus grand rival dans le jeu.

Une fois ma tenue de sport enfilée, j'ai passé un examen de cardiologie et un électrocardiogramme puis je me suis lancé à l'assaut des épreuves physiques. Elles étaient composées d'un parcours chronométré avec de la course à pied, des sauts d'obstacles, des pompes et des équilibres sur une poutre ainsi que d'un test d'endurance sur un vélo fixe. Suite à cela, direction la piscine pour un test d'aisance aquatique. Après quelques allers-retours en nage libre, j'ai enchaîné des exercices dans le grand bain. À titre d'exemple, au signal de départ je devais plonger et ramasser des anneaux jaunes à l'aller puis des anneaux rouges au retour, le plus vite possible et en apnée. Ces épreuves peuvent vous paraître difficiles si vous n'avez pas l'habitude de faire des activités physiques, mais si vous êtes sportif, c'est un jeu d'enfant. Tout le monde le sait, le succès de « Koh-Lanta » réside en grande partie dans le choix des candidats. Ils ne sont pas tous des athlètes ou même simplement sportifs. Alors un conseil, si vous arrivez à cette étape, faites en fonction de vos capacités, essayez d'aller un peu au-delà de vos limites et soyez endurants.

À ma sortie de l'eau, un photographe m'attendait pour un *shooting* photos en maillot de bain. Une épreuve bien plus difficile pour moi que celles que je venais de passer. Je devais défiler en faisant quelques allers-retours et pivoter en bout de piste tout en marquant de légers temps d'arrêt pour le photographe placé juste en face de moi. Honnêtement, je ne me sentais pas très à l'aise, j'avais l'impression de concourir pour le titre de Mister Tahiti.

Le plus dur restait à faire : l'ultime entretien filmé. J'ai retrouvé une personne familière, Isabelle Gambotti, entourée de trois autres personnes (certainement des responsables de la production) ainsi que d'un cameraman et d'une femme assise en retrait dans un coin de la pièce, qui prenait des notes. En moins d'une heure, je devais les convaincre de me laisser faire partie de la future saison de « Koh-Lanta » et je me doutais que cela n'allait pas être une mince affaire. J'avais l'impression d'être dans une série policière. Leurs regards me transperçaient et ils ne me quittaient pas des yeux, comme s'ils avaient voulu me faire avouer je ne sais quoi. Les questions fusaient dans tous les sens. Leurs visages ne laissaient entrevoir aucune expression. Aucun moyen pour moi de savoir si mes réponses convenaient. Il fallait être très réactif, ne pas se laisser déstabiliser et avoir de la répartie.

L'entretien avait pris l'allure d'une séance de ping-pong : chaque question posée rebondissait sur la réponse précédente sans aucun temps mort. Je ne pouvais pas m'empêcher de les trouver vraiment très bons, de véritables experts en communication et en analyse comportementale. Ils semblaient m'avoir bien cerné. Je sentais qu'ils savaient exactement comment toucher mes points sensibles. Je n'ai pas essayé d'esquiver les questions, j'ai joué la carte de la transparence en répondant de façon simple et en étant en parfait accord avec moi-même. Mon souci d'honnêteté avait pris le pas sur mes difficultés à me dévoiler. J'ai pu évoquer ma culture polynésienne et cela a donné de la force à mes propos. Quand, à la fin de l'entretien, Isabelle Gambotti m'a réclamé à nouveau la danse du *haka*, je me suis senti pousser des ailes.

L'épreuve du casting s'est terminée avec la psychologue et le médecin de l'équipe qui ont dû donner aussi leur avis quant à ma participation au jeu.

Depuis plusieurs semaines, je vivais au rythme intensif des différentes étapes du casting et j'avais presque oublié ma routine quotidienne. Le verdict allait tomber quelques jours après. J'avais un bon pressentiment, d'autant que je recevais de nombreux appels de l'équipe de casting (très concrets, eux), notamment pour me demander de fournir de nouvelles photos afin de compléter mon dossier. L'équipe devait présenter chaque finaliste en donnant le plus d'éléments possible recueillis tout au long du casting à l'occasion d'une réunion décisive. Alors que certains allaient être malheureusement écartés, d'autres formeraient le panel idéal où tous les profils seraient représentés (âge, sexe, ville, caractéristiques du tempérament…). Une vingtaine de candidats seraient les heureux élus !

Sous le «coup» de l'émotion

J'emportais mon téléphone partout avec moi, même sur mon lieu de travail alors que son usage était interdit, et je le consultais sans cesse pour voir si je n'avais pas manqué un appel. J'étais très confiant mais l'attente devenait interminable. Les journées se succédaient, égales à elles-mêmes, et revêtaient un caractère d'une extrême banalité.

Après la naissance de Manavai, notre première fille, Céline avait repris le chemin de l'école tandis que j'avais endossé le rôle de «papa au foyer» jusqu'à l'obtention d'une place en crèche. Une fois celle-ci obtenue, je n'ai pas attendu trop longtemps avant que l'on me propose un poste de cuisinier dans un petit restaurant routier à quelques kilomètres de chez moi. Certes, ce n'était pas un type de cuisine qui nécessitait beaucoup de créativité mais j'étais ravi de pouvoir enfiler ma tenue de cuisinier de nouveau, de repasser derrière les fourneaux et de travailler avec une nouvelle équipe.

Après quelques jours de travail seulement, mon employeur m'a proposé un contrat à durée indéterminée. Toute personne sensée aurait accepté sans hésitation au vu de la difficulté à trouver un emploi. Moi, je me permettais d'être indécis. Pourquoi ? Pour la simple raison que je ne savais pas encore si j'allais être sélectionné pour l'émission. Malgré tout et face à l'insistance du directeur du restaurant, j'avais finalement accepté le CDI.

Puis un jour comme les autres, alors que je travaillais dans le petit restaurant routier à Macon… il était 11 heures du matin et le service du déjeuner n'avait pas encore commencé. Un serveur finissait la mise en place de la salle de restauration tandis que je m'activais à la préparation des différents plats du menu du jour. Je coupais minutieusement différents légumes quand soudain, mon téléphone s'est mis à vibrer dans la poche de ma veste de cuisinier et à diffuser la légendaire musique du générique. Une joie sans nom s'est emparée de moi !

– Bonjour Teheiura, comment allez-vous ?

– Je vais très bien, merci…

– Vous savez pourquoi je vous appelle ?

– … Dites-moi !

– Vous pouvez préparer votre sac aventure, vous avez été sélectionné pour « Koh-Lanta ».

Une émotion si forte m'a envahi que je me suis mis à sauter comme un cabri un peu partout dans la cuisine, le sourire jusqu'aux oreilles. Heureusement qu'à ce moment-là, il n'y avait personne autour de moi sinon on m'aurait pris pour un fou. La réalité m'a vite rattrapé quand ma tête a heurté la hotte aspirante.

– Aïe…

– Vous êtes toujours là ? Qu'est-ce qui se passe ? Ça va ?

– Rien, rien, je me suis juste cogné la tête contre la hotte.

– … Ah d'accord… Vous allez recevoir très rapidement un e-mail récapitulatif et dans quelques jours nous vous recontacterons pour vous donner plus d'informations sur la suite.

La conversation terminée et une belle bosse sur la tête, j'ai pu reprendre mes esprits. Jamais je n'aurais cru qu'un simple coup de fil pouvait être aussi marquant. Quatre longues années à espérer, quatre longues années où j'avais misé sur la patience, la persévérance et en une fraction de seconde mon rêve se réalisait : on m'annonçait que j'avais été sélectionné pour faire partie de la saison 2011 ! Le rêve de milliers de candidats, j'allais enfin, moi, pouvoir le concrétiser.

Quelques semaines à peine après avoir signé mon CDI, je remettais donc ma lettre de démission. Il faut savoir que la production de « Koh-Lanta » demande au futur participant de se rendre disponible dans un créneau de dates précises. Imaginez la tête de mon patron si je lui avais demandé d'emblée un congé sabbatique sans solde. Nous en avons discuté avec Céline et, entre le confort d'un CDI et « Koh-Lanta » : nous avons choisi l'aventure !

Les préparatifs

«*Cher(e) concurrent(e), vous faites partie des Concurrents de Koh-Lanta 2011 et encore une fois, la production vous en félicite*», indiquait l'en-tête du document reçu quelques jours après l'appel tant attendu. Les choses sérieuses allaient enfin pouvoir commencer et ça démarrait immédiatement avec la lecture approfondie des divers documents contractuels (contrat de travail, règles du jeu, engagement de confidentialité). Il faut savoir qu'à partir du moment où l'on candidate, la confidentialité devient la règle du jeu primordiale à observer, au risque de se faire renvoyer chez soi avant même la fin du casting ! L'euphorie du moment ne me faisait pas oublier la prudence. Mais comme tout me semblait correct, d'un geste solennel, j'ai paraphé toutes les pages avant d'apposer ma signature à la fin de chaque document. Par cet acte, je m'engageais à respecter toutes les conditions définies et stipulées par la production.

À présent, passons à une phase plus attractive et que j'affectionne particulièrement malgré la difficulté qu'elle représente : la préparation du sac aventure. Je peux vous certifier que cette étape ressemble étroitement à un parcours du combattant car il faut penser à tout et surtout, il faut prendre une photo de chaque effet personnel et l'envoyer par e-mail pour que l'objet soit validé (ou pas) par la production. Aussi, je vous épargne le récit de mes nombreux allers-retours effectués dans les magasins. Mais je dois vous avouer que j'avais entrepris la préparation de mon sac bien avant ma sélection à « Koh-Lanta ». Depuis longtemps, j'avais acheté un maillot de bain adéquat, comme si cet acte symbolique allait contribuer à faire valider ma candidature !

« Comme convenu, vous trouverez la liste des vêtements à mettre dans le sac aventure que vous prendrez sur l'île avec vous. »

Liste du sac aventure
- Un tee-shirt manches courtes ou débardeur
- Un tee-shirt manches longues
- Un pantalon
- Un short
- Un maillot de bain
- Deux paires de sous-vêtements
- Deux paires de chaussettes
- Un chapeau ou une casquette
- Une paire de lunettes de soleil
- Deux paires de chaussures
- Une veste ou un pull

Ne vous méprenez pas, bien que la liste soit relativement courte et très minimaliste, tout se corse lorsque la production nous indique tous les interdits : les couleurs jaune et rouge à bannir puisqu'elles font référence aux équipes, les tenues trop sombres à proscrire tout comme les rayures qui peuvent créer des effets optiques indésirables à l'écran, les marques et les logos à masquer.

Une fois, malgré la lecture méthodique des consignes de la liste, la joie de préparer mon sac aventure m'a fait oublier les interdictions. Je me suis retrouvé dans un magasin spécialisé pour acheter une paire de baskets et le vendeur m'a si bien vanté son produit que je suis reparti avec une paire jaune et rouge ! À peine sorti du magasin, très satisfait de mon acquisition, j'ai envoyé une photo à ma femme qui m'a rappelé gentiment les ordres de la production :

– On te dit qu'il ne faut pas de couleurs jaune et rouge et toi, tu prends une paire de baskets avec ces deux couleurs ? Il faut l'échanger, la production ne la validera pas.

De retour au magasin, embarrassé et devant la perplexité du vendeur, j'ai prétexté que finalement les couleurs ne me plaisaient guère et qu'il fallait absolument que j'échange les baskets. J'ai dû passer pour un sacré guignol !

Faire des choix vestimentaires est difficile quand on ne sait pas ce qui nous attend exactement. Aussi, pour ma première aventure en 2011, j'ai fait quelques erreurs. Juste avant le début du jeu, la production nous avait demandé de nous habiller avec notre tenue de ville initialement préparée. Or, quelques semaines auparavant, je n'avais absolument pas fait le rapprochement entre cette tenue et le grand naufrage prévisible du début d'aventure. Quel confort de nager (et de se sentir couler) sur plusieurs mètres en jeans, baskets de ville et chemise, avec un sac non étanche de surcroît !

Quand on a déjà vécu un « Koh-Lanta » et qu'on se prépare à des éditions spéciales, on sait exactement ce qu'il nous faut. Nos choix se portent directement sur des tenues et accessoires adaptés. On pense au côté pratique par rapport à la vie sur le camp et aux épreuves sportives qu'on a déjà expérimentées. Je vous donne quelques exemples : pour le débardeur, le coton est préférable au synthétique qui va chauffer au soleil, un pantalon léger est à privilégier car il séchera plus rapidement (le soir, nous en avons besoin pour dormir protégés et au chaud) et il doit être résistant pour tenir le coup lors d'épreuves comme le parcours du combattant. Il ne faut pas hésiter à prendre une taille en dessous pour son short ou son maillot (on perd du poids et on peut rapidement se retrouver les fesses à l'air) et un bon sac étanche est conseillé pour tout conserver au sec !

Une fois que le contenu a été entièrement validé par la production, il nous est indiqué : « *Votre sac aventure sera impérativement récupéré lors de l'étape suivante par le journaliste qui viendra réaliser votre portrait directement à votre domicile dans les prochains jours.* »

Les vidéos portraits pour l'émission font en effet partie des préparations avant le jour J. Compte tenu du nombre de candidats dans « Koh-Lanta » (entre 18 et 20), il est indispensable que chacun soit présenté lors du premier épisode par une courte vidéo qui sera reprise au fil de la diffusion. Cela permet aux téléspectateurs d'en savoir un peu plus sur chaque participant et d'apprendre qui est le candidat en dehors de l'aventure. Le tournage, réalisé par une journaliste et un cameraman de la production, a lieu généralement deux à trois semaines avant le grand départ.

Lors de mon premier portrait, j'avais reçu la visite d'une équipe de tournage. Ils avaient un programme bien défini. Après quelques séquences filmées au sein du restaurant routier (mon CDI prenait fin quelques jours après), nous sommes partis en pleine campagne. Des barbelés délimitaient les parcelles de terrain et nous ont donné du fil à retordre quand il a fallu les franchir. C'est ainsi qu'au beau milieu d'un champ, j'ai pris les poses du guerrier invincible en dansant le *haka*, sous les regards impassibles des vaches. Pendant que le cameraman tournait une vidéo immersive à 360°, Hortense, la journaliste, se cachait plus loin pour ne pas apparaître dans l'objectif. Puis, nous nous sommes dirigés vers une route qui longeait une rivière. En tenue de sport cette fois-ci, j'ai improvisé une banale séance de jogging. La dernière étape filmée s'est conclue par un entretien à mon domicile. Cela ressemblait fortement au premier casting mais en plus détendu car Céline et Manavai (qui avait à peine deux ans) posaient à mes côtés.

Quelques jours avant la grande aventure

Après cette journée très particulière, je ne réalisais toujours pas ce qui était en train de m'arriver. Ce n'est que le soir, alors que je faisais tranquillement des mots croisés dans le lit, que j'ai pris réellement conscience que l'aventure dont j'avais rêvé devenait réalité. D'un coup, je me suis mis à sourire bêtement et à avoir des étincelles dans les yeux. À mes côtés, Céline me regardait curieusement et je me suis surpris à dire tout haut : « *Je pars à "Koh-Lanta" !* »

Plus la date du grand départ approchait et plus je ressentais l'effervescence en moi et autour de moi. La production me contactait très souvent pour me demander si j'allais bien (ce n'était pas le moment de me casser quelque chose) et je préparais mon départ avec les seules personnes au courant de mon périple : ma femme, ma belle-famille et quelques amis très proches. Je n'avais rien divulgué à ma famille à Tahaa afin de ne pas l'inquiéter. Pour parer à l'éventualité que mes parents me contactent pendant mon absence, j'avais inventé un stage dans un grand restaurant étoilé des Hautes-Alpes, au fin fond de la montagne. Avec cet alibi, je rendais toute communication impossible, par téléphone ou par Internet. Ma sœur Liana avait trouvé cela étrange mais, pour le reste de ma famille, c'était passé comme une lettre à la poste.

Dans l'agitation du départ, j'échangeais souvent sur le bon comportement à adopter en début de jeu avec les seules personnes de mon entourage mises au courant. Elles me répétaient que je ne me ferais certainement pas évincer dès le départ, compte tenu de mes capacités en survie. J'entends encore leurs recommandations qui pleuvaient :

– Il faut que tu prennes bien soin de ton équipe ! Si tu leur apportes de quoi se nourrir et que tu leur donnes du confort en plus, impossible qu'ils t'éliminent. Par contre, à la réunification, tout va se corser pour toi ! Tu n'auras pas d'autres choix que de gagner des épreuves d'immunité.

Je les écoutais avec attention mais l'euphorie du départ et l'excitation d'aller vivre sur une île avec d'autres aventuriers et de me mesurer à eux dans des épreuves sportives m'envahissaient complètement. Alors que mon entourage essayait d'anticiper les conditions de l'aventure pour que je me concentre sur une sorte de stratégie de jeu, moi je n'arrivais pas à me projeter. Il a fallu préparer un deuxième sac : « *Vous devrez aussi préparer un sac de voyage qui sera récupéré par la production à votre arrivée à destination. Ce sont vos vêtements pour le cas où vous seriez amené à résider dans la maison des éliminés.* » Je n'ai pas fait vraiment attention à ce que je mettais dedans. Je voulais seulement vivre à 100 % chaque moment de l'aventure au moment où je me trouverais sur l'île.

Je n'imaginais même pas qu'à mon retour ma petite vie bien tranquille serait bouleversée.

Départ pour une destination inconnue

Participer à quatre « Koh-Lanta » m'a permis de découvrir des territoires peu connus. J'ai eu la chance de fouler le sable d'îles mythiques, paradisiaques, et de vivre dans des cadres exceptionnels : l'archipel de Raja Ampat en Indonésie (2011), l'île de Koh Rong au Cambodge (2012), l'archipel de Seribuat dans la Malaisie péninsulaire (2014), l'archipel de Kadavu situé dans le Pacifique aux îles Fidji (2020).

Mon premier départ pour « Koh-Lanta » avait beaucoup de similitudes avec mon départ de Tahaa pour la France en 1998. Je partais pour l'inconnu et me lançais dans une aventure avec peu de repères.

Ma femme et ma fille m'ont accompagné à la gare sans savoir quand elles me reverraient : dans quelques jours ou dans quarante (dans le meilleur des cas) ? La séparation n'allait être que d'une courte durée mais le moment était riche en émotions : derniers regards complices, dernières étreintes, dernier au revoir. Je percevais les inquiétudes multiples de Céline mais la savais heureuse pour moi malgré tout. Et pour lui montrer toute ma reconnaissance, je lui avais écrit une lettre que j'avais déposée sur sa table de chevet.

Aussi curieux que cela puisse paraître, à partir du moment où je me suis retrouvé seul dans le train, je ne savais plus du tout dans quoi je m'étais embarqué, ni pourquoi, ni comment. Mon esprit a vécu un instant de confusion, comme si je m'apprêtais à effectuer un grand saut dans le vide. Certes, spectateur très assidu de l'émission, je connaissais le déroulement du jeu mais j'avais bien compris que tout n'était pas filmé. Je m'interrogeais sur tout ce que la télévision ne montrait pas. Finalement, confortablement installé dans mon siège de TGV, je commençais à penser que l'aventure pour laquelle j'avais signé en pleine conscience comportait beaucoup d'éléments inconnus. Désormais j'étais dépendant de l'organisation d'un jeu dans lequel je n'aurais pas la maîtrise sur tout. La production avait été claire, à partir du moment où l'on monte dans le train, on entre dans le jeu. Nous ne devions parler à personne et ne surtout pas citer le nom de l'émission au risque d'être éliminé avant même notre arrivée sur l'île. Les sensations qui m'assaillaient allaient de bizarres à surréalistes. Moi, en route pour « Koh-Lanta » et une destination inconnue, à côté d'autres voyageurs qui se rendaient simplement à leur travail, partaient en voyage… C'était vraiment fou !

Arrivé à Paris, j'avais rendez-vous dans un hôtel où un membre de la production m'attendait patiemment à la réception. Après les salutations d'usage, il m'a accompagné directement jusqu'à une chambre très spacieuse, au design et au charme épuré. Dans quelques jours, *exit* le confort et la fonctionnalité : mes nuits risquaient de devenir plus rudes. Pas le temps de me poser, il a fallu que je choisisse sur une liste mon repas du soir et mon petit déjeuner pour le lendemain. J'étais seul dans ma chambre et tout allait m'être servi sans que je puisse avoir de contact avec qui que ce soit. Je ne savais pas trop ce que j'avais le droit de commander alors, pour le petit déjeuner, je me suis limité aux traditionnels café, pain, beurre, confiture et jus de fruits. Laurent, candidat de l'édition 2011, m'a raconté plus tard qu'il avait coché tous les choix de la liste sans aucune hésitation… contrairement à moi.

La personne qui m'avait chaleureusement accueilli a frappé à ma porte. L'heure du checking avait sonné. Elle a noté minutieusement toutes les affaires qui se trouvaient dans mon sac à dos et ma valise de voyage. Puis, elle m'a laissé quelques minutes pour passer un dernier appel à Céline. À partir de ce moment-là, je me suis retrouvé réellement coupé de tout contact avec mes proches.

Le lendemain matin, j'ai attendu patiemment le grand départ. La pression est brusquement montée d'un cran quand j'ai été appelé à la réception. Face à moi, j'ai découvert trois autres candidats, Caroline, Ella et Olivier, mais c'est dans le jeu que nous ferions réellement connaissance. À leurs côtés se trouvait Antoine, un assistant candidat : une personne désignée par la production pour nous accompagner durant tout le voyage.

Nous étions cinq groupes de quatre candidats à nous envoler vers une destination inconnue car nous n'avions toujours aucune information. Je n'ai pas eu trop de difficultés à repérer les quatre autres groupes à l'aéroport Paris-Charles de Gaulle car tout le monde se cherchait du regard tout en esquissant des sourires et des hochements de tête.

Le voyage m'a paru interminable. Au total, nous avons embarqué tour à tour à bord de trois avions : Paris-Singapour puis Singapour-Manado et enfin Manado-Sorong. Sorong est une ville portuaire en Indonésie située dans la province de Papouasie occidentale. Arrivés en début de soirée au Royal Mamberamo Hôtel à Sorong, chacun de nous a pris son dernier vrai repas dans sa propre chambre : du poulet frit bien épicé accompagné de riz ainsi qu'une coupelle de fruits exotiques pour le dessert. Dernière visite chez le médecin et me voilà prêt !

Après quelques heures de repos, et avant même que je sois remis du décalage horaire, j'ai été réveillé en pleine nuit et l'on m'a remis mon sac d'aventurier. Ça y est, le jeu pouvait enfin commencer ! Comme un enfant surexcité, je me suis habillé rapidement en tenue de ville, puis nous avons tous été guidés à bord d'un bateau cette fois-ci, pour rejoindre l'archipel indonésien de Raja Ampat où nous attendait un navire. Les caméras étaient braquées sur nous : l'aventure démarrait réellement.

Le naufrage

« *Quelque part au milieu de l'océan Pacifique, vingt courageux font route vers l'inconnu.* » Cap sur l'archipel de Raja Ampat situé à l'extrême est de l'Indonésie au large de la Papouasie. Constitué de quelque 1 500 îles, il se trouve dans le « Triangle de Corail », cœur mondial de la biodiversité corallienne.

Nous avons voyagé à bord d'un navire majestueux durant une bonne partie de la nuit. Désormais nous pouvions faire connaissance mais l'ambiance était plutôt tendue. Malgré la fatigue, l'excitation et la peur de l'inconnu, chacun essayait de trouver sa place au sein du groupe. Nos regards se croisaient furtivement, on s'observait, on se jaugeait. Je me souviens de Benoît souffrant du mal de mer, de Steve assis à l'écart sur le ponton du navire avec son chapeau sur la tête et du mémorable sac à dos « scolaire » bleu d'Alexandra. Je me demande encore comment elle a pu faire rentrer toutes ses affaires dedans.

Le jour se levait et j'avais les yeux rivés au loin sur les contours d'une île qui se dessinait petit à petit. Depuis la mer, ses reliefs montagneux évoquaient une silhouette de femme allongée. J'avais l'impression d'être face à l'île polynésienne de Huahine qui se situe à 58 km de Tahaa. À ce moment-là, j'ai été tiré de mes songes et je suis revenu à la réalité. Un radeau nous attendait et pour le rejoindre, il fallait « se jeter à l'eau ». Gégé, soixante-cinq ans, a été pris d'une angoisse soudaine lorsqu'il a compris que nous devions tous sauter en pleine mer. Il avait appris à nager seulement quelques semaines avant de partir.

– Il faut tous y aller maintenant !

– Tous ??

– Ah oui, oui, il faut y aller.

– Mais tu as vu à combien on est de la côte ? Je ne vais jamais nager jusque là-bas, je vais couler avant.

Finalement, encadré à tour de rôle par Olivier et Gérard, Gégé a pu nous rejoindre sans encombre sur notre radeau de fortune. Ensuite, nous avons mis le cap sur l'île qui se trouvait en face de nous, en pagayant. Malheureusement, nous n'avancions pas, pire, nous dérivions. Exaspéré par la situation, j'ai décidé de remotiver le groupe en improvisant quelques mots à déclamer ensemble pour soutenir l'effort : « 1… 2… 3… ohhh hisse, ohhh hisse, il faut qu'ça glisse. » En adoptant le même rythme, nous avons réussi à faire virer de bord notre embarcation et à la propulser en avant.

Soudain, un hélicoptère nous a survolés. Au-dessus de nos têtes se trouvait l'animateur emblématique de l'émission, Denis Brogniart, qui prononçait un discours d'ouverture : « *Nous sommes à 13 000 km de la France, aux confins de la Papouasie et de l'Indonésie. À mes pieds, les eaux paradisiaques de l'archipel de Raja Ampat, l'archipel des 4 rois. Les naufragés de "Koh-Lanta" ont rendez-vous avec leur destin dans ce dédale de pierres et d'eau perdu entre deux mondes. D'un côté l'Indonésie mystérieuse, de l'autre la sauvage Papouasie : ces jungles impénétrables qui plongent dans les abysses du Pacifique.* » Il ne manquait plus que la musique du générique en fond sonore.

Non loin de nous, sur un bateau, se tenaient des cameramen. Il y avait aussi un petit haut-parleur qui servait à propulser le son de la voix de Denis Brogniart qui nous accueillait : « *Bonjour à tous, soyez les bienvenus en Indoné-*

sie, dans l'archipel de Raja Ampat. Ce que vous venez de vivre depuis le départ n'est qu'un début dans "Koh-Lanta".» Le ton était donné ! Il poursuivit en expliquant les règles de la première épreuve : «*Face à vous, une île où ont été cachés deux colliers d'immunité. Un pour vous mesdames autour d'une balise blanche et un pour vous messieurs autour d'une balise noire. La première femme et le premier homme qui se saisiront de ce collier seront intouchables lors du premier conseil de leur aventure. Vous l'avez bien compris, la survie a déjà commencé dans "Koh-Lanta". Du fond du cœur, bonne chance à tous. Attention… 3, 2, 1, go !*» Sans réfléchir, nous nous sommes tous jetés à l'eau afin de gagner le rivage le plus rapidement possible et avons presque oublié Gégé. Fort heureusement pour lui, Martin et Caroline l'aidaient activement à rallier la terre ferme. De mon côté, je peinais à nager avec mes vêtements et mon sac gorgés d'eau.

Arrivé sur l'île, le premier collier d'immunité homme a rapidement été trouvé par Anthony. Alors, pendant que les femmes cherchaient encore le leur, j'ai ouvert ma première noix de coco pour déguster son jus rafraîchissant et sa pulpe bien sucrée. Ça me faisait sourire car à chaque fois que je regardais «Koh-Lanta» sur mon petit écran, je me disais : il n'y a quand même pas que des noix de coco sur l'île !

Lors de mes trois autres participations, je n'ai pas vécu ce début d'aventure appelé «naufrage». En 2012, pour la Revanche des héros, au Cambodge, nous sommes arrivés en hélicoptère ! C'était très impressionnant et, du ciel, nous pouvions apercevoir progressivement l'installation de la première épreuve. En 2014, je me suis retrouvé seul face à Freddy dans un camion et j'ai compris qu'il y avait anguille sous roche. La production nous avait réservé un long périple au cours duquel nous avons dû effectuer la traversée de l'immense jungle malaisienne, épaisse et humide. Pendant deux jours, nous avons dû suivre la direction sud-est de notre boussole pour rejoindre les autres candidats. Eux avaient vécu le naufrage classique en pleine mer, quelques jours auparavant.

Enfin en 2020, deux cas de figure se sont présentés. Alors que les nouveaux aventuriers plongeaient dans le grand bain comme à l'accoutumée, nous, les cinq anciens, embarquions chacun dans notre petit bateau. Non loin de là et dans le plus grand des secrets, Denis Brogniart nous attendait en pleine brousse et c'est à tour de rôle que nous nous étions découverts.

La constitution des équipes

Bien que mon prénom, Teheiura, signifie « la couronne rouge », j'ai porté le bandana jaune trois fois en quatre saisons :

– Équipe jaune des Wasaï (2011)
– Équipe rouge des Nekmao (2012)
– Équipe jaune des Tengah (2014)
– Équipe noire des héros, équipe rouge des Nacomo et équipe jaune des Lawaki (2020)

Généralement, la production compose les équipes bien en amont en essayant d'être le plus équitable possible dans la répartition des candidats (sexe, âge, profil). Ainsi, dans le jeu, le moment de la constitution des équipes se veut simple : après le naufrage, nous récupérons notre carquois (un étui qui sert à ranger des flèches d'arc) nominatif et, dans un moment très solennel, nous découvrons à tour de rôle notre bandana de couleur (jaune ou rouge) ainsi que de ce fait, notre tribu, nos coéquipiers et surtout nos adversaires. Cependant, quelquefois il y a des surprises. En 2014, Freddy et moi avions la charge, en tant que chefs d'équipe proclamés par la production, de constituer nos équipes respectives avec la consigne de répartir équitablement les filles et les garçons. En 2020 aux Fidji, grande première dans l'histoire de « Koh-Lanta », la production avait constitué une équipe de cinq anciens candidats (Jessica, Sara, Claude, Moussa et moi) formant l'équipe noire des héros (auto-baptisée les « Black Pirates »). Cependant, nous n'étions pas des coéquipiers mais des adversaires car seulement quatre d'entre nous allaient pouvoir rejoindre les quatorze nouveaux aventuriers, eux-mêmes répartis en amont, en deux équipes bien distinctes (les Nacomo et les Lawaki).

La survie au campement

Quand j'ai postulé pour « Koh-Lanta », j'avais la motivation de renouer avec mes racines. Survivre sur une île déserte représentait un retour aux sources. Je voulais surtout savoir si j'allais être capable de me souvenir des gestes que l'on m'avait transmis tout petit.

En débarquant sur l'île des Wasaï en Indonésie, j'ai immédiatement trouvé des similitudes avec Tahaa (bien que celle-ci ne soit pas déserte). Je me sentais comme chez moi. Les deux premières choses que j'ai faites ont été de tresser des feuilles de palmiers pour en faire un abri imperméable puis de grimper à un cocotier afin de récolter des noix. Je n'avais absolument pas l'intention de « frimer », d'autant plus qu'en temps normal, j'aime garder une attitude discrète. J'ai simplement accompli des gestes appris dans ma jeunesse en Polynésie.

La fusion avec la nature a été immédiate, j'en ai presque oublié les caméras. D'ailleurs, la vie quotidienne sur l'île demande un tel engagement que, très rapidement, on n'y prête plus attention. On est complètement immergé dans le jeu et on ne peut pas faire autrement que d'essayer de s'adapter et de se focaliser sur la survie.

Durant toute notre aventure, des équipes de journalistes, cadreurs et ingénieurs du son nous suivent la journée entière, par roulement. Leur mission : nous interviewer afin de recueillir nos impressions et des informations bien précises. Je vous donne quelques exemples de leurs questions : « *Teheiura, il se passe quoi là ?* » « *Qu'est-ce que vous êtes en train de faire, expliquez-nous !* » « *Félicitations pour votre victoire, dites-nous ce que vous ressentez.* » Tout ce qui se dit en interview reste bien entendu entre la production et le candidat jusqu'au moment de la diffusion, nous avaient-ils précisé au débriefing. En dehors de leurs interventions, nous devions les considérer comme inexistants, des fantômes, afin que le naturel de nos comportements prime. Toutefois, nous pouvions très bien nous adresser à eux en cas de problème. Seuls témoins de notre aventure, il arrivait parfois qu'ils se fassent agresser verbalement par des candidats énervés qui n'éprouvaient aucun scrupule à passer leurs nerfs sur eux. La production pouvait intervenir pour rappeler aux aventuriers les lignes de bonne conduite envers les techniciens.

Tout comme nous, ils devaient s'adapter à toutes les situations imprévues. Par exemple, s'il nous prenait l'envie soudaine de partir à la recherche du collier d'immunité en pleine jungle, ils n'avaient pas d'autre choix que de nous suivre à notre rythme (courir, crapahuter, traverser un marécage ou s'y engouffrer… et ce, avec tout leur matériel pesant plus de 15 kilos).

Bien que leur métier, comme tous les métiers, comporte des difficultés, ils jouissent d'un cadre de travail exceptionnel et le reconnaissent volontiers. À voir les mêmes visages revenir sur chaque tournage, on comprend qu'eux aussi vivent de très belles aventures.

Sur le campement des Wasaï, en 2011, je faisais vraiment le maximum pour améliorer le confort de tous afin que l'on puisse être les plus unis possible sur les épreuves en équipe. Pour moi, il était essentiel que nous arrivions aux épreuves en bonne forme. Mais loin de moi l'idée d'imposer mes connaissances. J'ai d'ailleurs laissé Gégé aux commandes des opérations pour la construction de la cabane. Il s'en faisait une joie. Assisté par Benoît, il a rapidement entrepris l'édifice d'une « maison » tout confort, du jamais vu dans « Koh-Lanta ». Malheureusement, la réalité l'a rattrapé rapidement. En voyant les images quelques mois plus tard sur mon petit écran, j'ai un peu regretté de ne pas avoir fait plus pour mes coéquipiers. Quelle galère cette cabane sous la pluie !

En plein Pacifique ou encore dans le Golfe de Thaïlande, le climat des îles s'est révélé très logiquement tropical ou océanique, chaud et humide. Cependant, le temps variait beaucoup : tantôt des orages, tantôt des averses, tantôt du soleil. Nous subissions, nuit et jour, les caprices de la météo. Malgré un abri plus ou moins étanche, dormir sous des pluies diluviennes et incessantes devenait quasi-impossible. La saison la plus dure en termes de conditions météorologiques a été celle à Raja Ampat. Pendant plus d'une semaine, la pluie est tombée, généralement en fin de journée, comme si les dieux voulaient nous mettre encore à l'épreuve en nous empêchant de dormir. Pour pallier cet inconvénient majeur, Denis avait donné à chaque équipe, exceptionnellement, une bâche imperméable pour nous permettre d'améliorer l'étanchéité de notre cabane.

Quand il pleut quelques gouttes, les équipes de tournage revêtent de grands imperméables et les caméras sont assurément bien protégées. Mais en Malaisie (2014), il pleuvait tellement que les cadreurs ont dû interrompre leurs prises de vue.

Avec la pluie et le vent réunis, la température de notre corps baissait rapidement, pouvant provoquer une hypothermie. Sara en a eu tous les symptômes. Je n'ai cessé de lui répéter de retirer ses vêtements tout mouillés mais elle ne réagissait pas. Inquiet de son regard hagard et de son corps qui tremblait, je l'ai aidée en la déshabillant et en lui prêtant quelques-unes de mes affaires sèches. Retenez cette petite astuce : sous la pluie, la tenue idéale reste le maillot de bain ! Malgré ces intempéries très inconfortables, je prenais plaisir à me doucher sous la pluie car, à la longue, l'eau de mer salée a tendance à provoquer des démangeaisons irritantes.

La pluie représentait aussi une perpétuelle menace pour le feu. Mais nous arrivions toujours à tout mettre en œuvre pour maintenir les flammes et ce, dans chacune de mes aventures, car le feu est indispensable à la survie. Le feu, soit on le gagne lors d'une épreuve de confort, soit on le fait. Ainsi, dans la jungle malaisienne (2014) avec Freddy, nous avons utilisé la technique de la friction transversale qui consiste à utiliser l'échauffement produit par le frottement de deux bambous. Les petites braises enflamment alors un combustible fin, la bourre de coco par exemple, appelé « amadou ». Cette fois-là, l'humidité avait rendu la tâche difficile mais finalement l'amadou avait donné des flammes.

Le feu ravive aussi énormément le moral des troupes qui voient en lui le moyen de faire cuire riz, manioc ou poisson, de se chauffer et d'éclairer le campement. Il occupe irrémédiablement toute notre attention, 24 heures sur 24. En 2011, chaque nuit avec Caroline, nous avons pris très à cœur de le surveiller à tour de rôle. Il nous réchauffait aussi quand le froid s'invitait au crépuscule. En partant sur une épreuve ou au conseil, nous prenions soin d'ajouter au feu une grosse bûche de bois. Ne comptez pas sur les équipes « fantômes » de la production pour nous en ajouter une en cas d'oubli ! L'essentiel était d'avoir à notre retour un minimum de braises pour faire repartir les flammes. Pour aider à maintenir le feu, le mieux est de réaliser un abri pour le protéger de la pluie par exemple. En 2011, j'en avais confectionné un avec des feuilles de palmiers tressées et en 2014, j'avais eu l'idée de basculer le coffre de survie sur le côté et d'utiliser son couvercle pour abriter le feu. (En début d'aventure, la production met à disposition un coffre de survie sur chaque campement. On y trouve deux machettes, une marmite, la trousse médicale de secours pour les soins de première nécessité, la boîte de talkie-walkie pour les urgences médicales et deux paires de lunettes de natation).

Bien souvent, on me demande si l'émission est truquée et je réponds toujours la même chose : « *Bien sûr que non !* » Certains, dubitatifs, insistent même : « *Je suis sûr que la production vous donne à manger !* » « *Et puis, comment vous faites pour vous laver ou tout simplement aller aux toilettes ?* » « *Allez, tu peux me le dire… une fois les caméras éteintes, vous dormez à l'hôtel ! C'est ça ?* »

Alors je le répète et l'écris clairement : nous sommes sur une île complètement déserte, en pleine nature, et la production ne nous distribue ni savon, ni brosses à dents, ni même de papier toilette. En ce qui concerne les toilettes, tout particulièrement, nous devons nous débrouiller avec les moyens du bord… chacun de son côté. La seule règle que nous nous donnons : aller très loin du campement !

Pour ce qui concerne la nourriture, tout ce dont nous avons besoin se trouve sur l'île : noix de coco, canne à sucre, manioc, coquillages (huîtres sauvages, bénitiers…). Les petits crabes de sable qui se laissent facilement attraper sont mis en brochettes puis grillés sur le feu. Ils nous apportent quelques protéines non négligeables ! Si nous avions la chance de gagner le kit de pêche lors d'une épreuve de confort, alors nous étions en possession d'outils précieux pour aller en mer et attraper du poisson (tout en respectant les consignes de sécurité et en restant toujours avec une équipe de la production à nos côtés).

Pour moi, la nature environnante, pleine de richesses, mettait à notre disposition de multiples ressources pour se nourrir. Cependant nous avions aussi la possibilité de gagner du riz (souvent source de disputes à cause d'une mauvaise gestion du rationnement) ou bien des plats alléchants comme une belle assiette d'entrecôte frites. Mes papilles se souviennent encore d'une récompense suite à une épreuve de confort en équipe en 2012. Une famille de pêcheurs cambodgienne nous avait préparé un plat succulent : du poisson frit aux petits légumes, sauce tamarin. Rien qu'à l'écrire, j'en ai encore l'eau à la bouche. Je me suis d'ailleurs permis d'ajouter la recette à mon livre *Aventure culinaire* (éditions Au vent des îles, 2014).

Mais parfois la nature se veut moins généreuse. L'île de notre campement en Malaisie (2014) s'est révélée relativement pauvre en ressources naturelles. Mis à part la canne à sucre et le manioc, on ne trouvait rien ! Alors, pour bloquer la sensation de faim, nous buvions des litres d'eau pour faire croire à notre cerveau que nous avions bien mangé.

Les journées sans épreuve se sont avérées longues et ennuyeuses. Le temps ralentit sur une île déserte. Après nos tâches quotidiennes — aller chercher de l'eau dans un puits installé avant notre arrivée, pêcher, cuisiner —, nous n'avions pas d'autre choix que de nous trouver des occupations. Je m'adonnais à toutes sortes d'activités artisanales : fabrication de bracelets, colliers, alliance en fibre de coco (car nous n'avons pas le droit de porter des bijoux pendant le jeu « Koh-Lanta »), chapeaux en palmier, gravures sur bois ou bambou… En 2012, pour nous divertir, j'avais réalisé avec Patrick un jeu de cartes gravées sur du bambou ainsi qu'un jeu de dames. Pour ce dernier, nous avions tracé un damier avec du charbon directement sur un tronc d'arbre fendu en deux et nous utilisions de simples cailloux en guise de jetons.

Et puis, nous passions inexorablement notre temps à discuter de tout et de rien (de la famille, des enfants, de nourriture). La nourriture est un sujet de conversation très riche mais qui provoquait souvent des tensions entre nous. À la minute où nous évoquions des mots comme « chocolat », « poulet » ou « pâtes », certains devenaient fous et préféraient esquiver nos échanges. En 2011, avec Laurent sur le camp réunifié, nous avions discuté longuement de nos recettes communes. Un jour, alors que nous étions affalés sur nos « lits » de fortune, dans une ambiance détendue, il s'est mis à parler de frites. Sans réfléchir, je me suis mis à chanter « *I want to* steak frites » sur l'air de « *I want to break free* » de Queen. Sans vouloir nécessairement faire de l'humour, l'air entonné spontanément avec des paroles transformées avait provoqué un comique de situation. Durant l'édition 2020, Claude n'avait cessé de faire des louanges de la gastronomie italienne. Spaghettis, lasagnes, parmesan… Il avait tout passé en revue ! Quant à moi, j'avais mis un point d'honneur à vanter la gastronomie polynésienne en évoquant notamment des plats typiques comme le poisson cru mariné au jus de citron et lait de coco ou bien le poulet *fāfā*.

Pour l'émission « Koh-Lanta », ALP (Adventure Line Productions) choisit des îlots isolés dans des sites naturels exceptionnels et remarquables. Cependant, survivre sur un paradis terrestre comporte aussi quelques petits désagréments. Pour participer à « Koh-Lanta », mieux vaut ne pas avoir la phobie de bestioles en tous genres. La nuit, les rats, les araignées, les scorpions, les scolopendres grouillent sur les îles et donc sur nos bivouacs et sur nos corps endormis. En 2012, Freddy s'est réveillé d'un bond, surpris par une douleur vive dans le dos provoquée par la piqûre d'un scorpion. Ce dernier s'était engouffré dans un tronc d'arbre et, avec la chaleur du feu le soir, il avait abandonné son habitation pour se réfugier sur le dos du candidat. La même année, les moustiques s'en sont donné à cœur joie sur Maud qui s'est retrouvée le visage complètement boursouflé à cause des piqûres.

Les moments de faiblesse

J'étais dans mon élément sur une île complètement déserte mais je ne vais pas le nier : j'en ai réellement bavé. Ce n'est pas la faim dont j'ai souffert le plus. Pour avoir vécu en Polynésie où le supermarché ne constitue pas la seule ressource pour se nourrir, j'ai su me débrouiller avec la nature comme dans ma jeunesse.

En 2011, l'éloignement de ma femme et de ma petite fille s'est avéré être une épreuve difficile. Malgré cela, il était inenvisageable que je quitte l'aventure ! C'était un rêve et ma place dans le jeu m'avait demandé beaucoup de sacrifices. Je ne comprends toujours pas ceux qui abandonnent volontairement mais je ne veux en aucun cas les juger. Dès le départ, Denis nous avait annoncé une nouvelle règle : «*Les candidats qui quittent volontairement le jeu ne seront pas remplacés.*» Alors, pour garder une bonne cohésion d'équipe et éviter de perdre lors des différentes épreuves, nous faisions tout pour retenir les candidats les plus fragiles. Caroline, la Suissesse de notre tribu, coach en développement personnel, essayait par tous les moyens de les remotiver. Malgré cela, plusieurs personnes ont quitté le navire alors que le jeu débutait à peine. Ils avaient sous-estimé la dureté de l'aventure et, de toute évidence, ils n'étaient pas prêts psychologiquement à vivre une quarantaine de jours loin de leur famille. Leur décision nous a laissé un goût amer car nous nous sommes trouvés en mauvaise posture. Nous avons enchaîné les défaites et, tout le monde le sait, arriver en minorité numérique sur un camp réunifié est un réel danger.

Pour ma part, j'ai essayé de suivre les précieux conseils de Caroline. Elle a été d'un soutien sans faille, surtout quand j'avais de gros coups de blues en pensant à ma femme et ma fille. Chacune de ses paroles me remontait le moral. «*Participer à cette aventure est une réelle chance, tu dois en profiter au maximum*», me disait-elle. Elle n'hésitait pas à me rappeler que Céline ne serait certainement pas ravie de me voir aussi triste. Elle me donnait également des conseils pour la suite de l'aventure et m'enseignait l'utilisation de la visualisation positive pour atteindre mes objectifs. Alors chaque jour, je visualisais l'épreuve mythique finale : je m'imaginais debout, complètement raide, sur un poteau !

Benoît, un autre coéquipier de ma tribu a été, lui aussi, d'un grand soutien. Nous partagions la même passion pour le sport et étions tous deux papas. Deux points communs forts qui ont fait que nous nous sommes entendus dès le départ. Dans les moments difficiles, nous nous remotivions à tour de rôle, mais son fils, qui avait pratiquement le même âge que Manavai, lui manquait cruellement. Quand Denis a éteint le feu de son flambeau lors d'un conseil avant la réunification, je savais que le bonheur de retrouver son enfant effacerait la déception de l'élimination.

Je n'oublierai jamais l'incorrigible, la téméraire Alexandra ! (Vous vous souvenez, celle dont j'avais volé la photo lors du casting filmé à Paris). Une véritable amie et confidente, le clown de service de la tribu, une boule d'énergie si puissante qu'elle arrivait à me redonner du punch en quelques secondes.

Parler de faiblesses morales nécessite de parler aussi de faiblesses physiques. Globalement, ma santé a tenu le choc dans chaque aventure. Seul un léger coup de mou est survenu au dixième jour de ma première aventure. Alors que je me relevais un peu trop vite, je me suis senti mal et ai fait un malaise. J'ai eu de la chance car dans ma chute ma tête a été amortie par les postérieurs d'Alexandra et de Patricia qui dormaient bien tranquillement !

Le médecin de l'équipe était présent et prêt à intervenir sur chaque épreuve. Juste avant de démarrer le jeu, ou à la fin, nous pouvions faire appel à lui pour un contrôle rapide. Je me souviens que dans l'édition 2020, suite à une épreuve individuelle demandant assez d'endurance, le médecin m'avait trouvé le teint pâle et un peu fébrile. Il avait jugé nécessaire de me mettre à l'écart afin de prendre mes constantes physiologiques (fréquence cardiaque, saturation en oxygène, tension...) pour s'assurer que tout allait bien. Mais fort heureusement, il ne s'agissait que d'une fausse alerte. Car ce que tout le monde redoute par-dessus tout dans « Koh-Lanta », c'est l'abandon médical !

La fracture du talon d'Isabelle, en 2012, m'a beaucoup marqué. En début d'aventure et en pleine épreuve d'immunité, elle s'est violemment blessée au pied. On a entendu un craquement impressionnant. L'équipe de production a été très réactive et l'a immédiatement transférée en hélicoptère à l'hôpital le plus proche.

Dans la saison 2020, Sara, elle aussi, a été contrainte de quitter le jeu à cause d'une blessure abdominale inquiétante lors d'une épreuve. Mais, comme dit cette expression un peu bête : le malheur des uns fait le bonheur des autres. Cela m'a permis de réintégrer le jeu à ce moment-là, alors que je m'apprêtais à repartir en France car j'avais été éliminé quelques jours auparavant.

La décision des ambassadeurs

La réunification constitue un moment très attendu par les candidats mais aussi par les téléspectateurs car elle marque un temps fort à mi-chemin de l'aventure. Plus de jaunes, plus de rouges, la tribu réunifiée arbore un pavillon blanc. Enfin ça, c'est la règle, on sait tous maintenant que beaucoup conservent la fidélité à leur ancienne équipe jusqu'à la fin de l'aventure. Ce moment charnière est précédé par l'épreuve des « ambassadeurs » : un aventurier de chaque équipe va être désigné comme tel. Lourde responsabilité pour eux car ils vont devoir se mettre d'accord sur le nom d'un candidat à éliminer. Si les ambassadeurs n'arrivent pas à s'entendre, ils remettent la suite de leur aventure au destin dans un tirage au sort. Celui qui tire la boule noire voit son aventure prendre fin sur-le-champ. Généralement, les ambassadeurs ne prennent pas le risque d'aller jusque-là. Ils préfèrent entreprendre des négociations féroces, plus ou moins longues.

Personnellement, je ne me suis jamais demandé si j'allais être éliminé sur décision des ambassadeurs, juste avant la réunification. Je voulais seulement me laisser porter par l'aventure. Mais mes proches m'avaient prévenu que la partie se jouerait grandement à ce moment-là.

« Koh-Lanta » saison 11, 2011

Au vingtième jour de l'aventure, Denis Brogniart nous a annoncé le temps de la réunification : une délivrance pour nous car la morosité commençait à s'installer sur notre campement. À quatre, nous tournions en rond à en devenir fous. Avant de désigner les ambassadeurs, chaque équipe devait nommer un émissaire pour se rendre sur le camp adverse. Anthony est donc parti chez les rouges tandis que Martin nous a rendu visite le temps d'une soirée. Leur mission : en apprendre un peu plus sur l'équipe rivale afin de désigner leur ambassadeur, le lendemain. De notre côté, nous avions longuement réfléchi à un choix stratégique. Olivier nous était apparu comme la personne idéale pour endosser le rôle d'ambassadeur car, quelques heures auparavant, à la fin de la dernière épreuve en équipe, nous avions tous assisté à une scène de mécontentement côté rouge. Maxime avait fabriqué un faux collier d'immunité avec des coquillages ramassés sur la plage et venait de se faire démasquer. Ses coéquipiers n'avaient pu contenir leur colère. Olivier, particulièrement furieux, avait exprimé sa déception envers Maxime devant tout le monde. Cet incident, tombé à pic, nous avait permis de choisir Olivier.

Le lendemain matin, les émissaires ont désigné comme ambassadeurs : Olivier et moi. En effet, Martin avait bien compris que je voulais être le représentant de ma tribu et avait exaucé mon souhait.

L'affrontement a eu lieu loin de nos îles respectives, sur un grand rocher dans le Pacifique. En apercevant Olivier, je n'ai pu m'empêcher de sourire. J'ai repensé instantanément à notre voyage en avion de Paris jusqu'en Indonésie. Assis côte à côte pendant le vol et tenus au silence, nous nous retrouvions ce jour-là face à face, prêts à une confrontation qui allait nécessiter de beaucoup parler !

Denis Brogniart a ouvert notre duel.

Pour Olivier, un jaune devait absolument partir :

– Je te propose de mettre le nom d'un jaune aujourd'hui. Je te promets que les ex-rouges ne voteront qu'au mérite lors des conseils à venir et donc pas forcément un ex-jaune.

À ce moment-là, les rouges étaient huit et il ne restait que quatre jaunes. La proposition d'Olivier se montrait alléchante. Cependant, quelques jours avant, Maxime s'était blessé au pouce avec la machette. Sur ordre du médecin, il avait été exempté de toute épreuve jusqu'à nouvel ordre. Son handicap le pénalisait grandement et j'ai décidé d'utiliser cet argument dans un premier temps :

– O.K. ! Puisque tu parles de mérite, parlons-en tout de suite. Maxime n'a plus toutes ses capacités et ne peut être considéré comme « méritant », tu ne peux pas le nier...

– Mais Maxime, c'est un rouge, et moi je dois défendre les rouges !

– Et moi, je ne vais pas mettre un jaune !

La conversation a tourné en boucle un bon moment ! Les négociations avaient pris l'allure d'un bras de fer. Olivier a tout tenté dans l'argumentation mais je ne voulais pas plier. J'en ai donc profité pour exploiter l'erreur de Maxime avec son faux collier d'immunité. Cela m'a paru une jolie faille à utiliser. Mais Olivier ne cédait toujours pas. Alors j'ai déployé ma dernière carte, comme si je participais à un tournoi de poker. (Pour la petite anecdote, lors de notre voyage en avion, nous avions joué l'un contre l'autre au poker sur nos écrans connectés par réseau).

Je savais très bien que l'aventure « Koh-Lanta » comptait autant pour lui que pour moi. J'étais persuadé qu'il n'irait jamais jusqu'à la boule noire. C'était trop risqué et pour lui et pour moi :

– Je ne veux pas tirer la boule noire. Et toi ? Franchement, tu n'as pas envie de tirer la boule noire non plus ? Tu n'as quand même pas envie de quitter ton aventure sur un tirage au sort ? Tu préfères laisser ta place à Maxime ?

– Non, non, non…

Après de très longues minutes, nos échanges ont finalement conduit à un commun accord : l'élimination de Maxime. En contrepartie, je me suis engagé à ce que les jaunes révèlent leur collier d'immunité si l'un d'entre nous en trouvait un.

Ce que nous ignorions, c'est que pendant notre confrontation d'ambassadeurs, les émissaires Martin et Anthony nous épiaient, cachés à quelques mètres, sur un autre rocher. Lorsque je suis revenu sur l'île des Wasaï, Anthony nous a révélé le plan anticipé et stratégique des rouges : nous évincer un par un. Il nous a donc tous mis en garde et ce, malgré le pacte que j'avais conclu avec Olivier : « *Surtout ne montrez pas votre collier si vous en trouvez un car, de toute façon, ils s'en tiendront à leur stratégie initiale !* » Décontenancé par ces révélations, je ne savais plus sur quel pied danser. Je me sentais très mal car j'avais donné ma parole. Cependant, je ne savais pas à cet instant-là que Patricia possédait déjà un collier d'immunité puisqu'elle ne l'avait révélé à personne. J'avais sauvé un jaune mais ma tribu s'était laissé convaincre que, comme mon pacte ne serait pas honoré par les rouges, il n'y avait pas de raison qu'eux dévoilent un quelconque collier. Un consensus bien entendu approuvé par Patricia toujours muette quant à sa trouvaille secrète.

Au deuxième conseil de la réunification, les anciens rouges ont voté contre Patricia qui, ayant senti le vent venir contre elle, avait sorti son fameux collier. Malheureusement pour lui, Olivier a vu sonner la fin de son aventure.

«Koh-Lanta», la Revanche des héros, 2012

Autre moment mémorable de l'épreuve avec deux autres ambassadeurs : Francis, plus ou moins imposé côté jaune et Claude, côté rouge, qui s'était dévoué pour représenter notre équipe. Jusque-là, rien de neuf ! Mais c'était sans compter sur la production qui prend plaisir à innover et à jouer avec nos nerfs. Denis Brogniart leur avait annoncé : «*Le rôle d'ambassadeur n'a rien à voir avec ce que vous connaissez. Vous allez devoir choisir ensemble un rouge et un jaune qui vont s'affronter dans une épreuve éliminatoire. Ce duel ne sera pas physique, ne fait pas appel à l'équilibre et ne fait pas appel aux compétences dans l'eau.*»

Malgré quelques désaccords au début, Claude et Francis ont fini par donner deux noms pour le duel éliminatoire : Patricia et Teheiura. À leur retour sur le camp réunifié, nous avons appris leur décision. Patricia s'est emportée vivement, se sentant trahie par son équipe. De mon côté, je l'ai pris comme un nouveau challenge. La situation aurait été pire avec une élimination directe par les deux ambassadeurs. Alors, au lieu de tempêter inutilement, j'ai préféré me recentrer sur l'essentiel : gagner l'épreuve coûte que coûte !

Il s'agissait de maintenir le plus longtemps possible un morceau de bambou entre deux bouts de bois. Sans sous-estimer la difficulté de l'épreuve ni les chances de ma concurrente, j'avais confiance en ma capacité à tenir mentalement. Alors quand j'ai vu Patricia faiblir, je me suis intimé l'ordre de ne plus bouger. Je guettais juste le moment où son bambou tomberait. Et c'est ce qui s'est passé au bout de dix-huit minutes ! Elle a perdu l'épreuve et cela lui a coûté instantanément sa place dans l'aventure.

Moi, stratège ?

Au-delà de la notion de survie et des épreuves sportives, « Koh-Lanta » implique aussi de constituer des alliances et de suivre les bonnes stratégies. « Koh-Lanta » est un jeu et, comme pour tous les jeux, il faut réfléchir à tout en permanence car certains ne reculent devant rien pour garantir leur place en finale.

La réussite d'une saison de « Koh-Lanta » dépend du casting comme je l'ai déjà précisé. Chaque candidat doit représenter un profil type et avoir une personnalité permettant de se différencier des autres. Ainsi, quand nous arrivons sur l'île, nous avons tous des traits de caractère différents et chaque pan de notre personnalité peut s'avérer bénéfique ou handicapant pour l'aventure. Pour ma part, tout le monde le sait, je ne suis absolument pas stratège. J'ai toujours misé sur mes qualités sportives, mon mental d'acier et mes capacités de survie en milieu hostile, tout en essayant de m'associer quand même à l'alliance que je pensais être la meilleure.

En participant à l'émission, je savais très bien que, pour aller jusqu'au bout, il y avait une part non négligeable de stratégie. Mais que voulez-vous, je suis comme ça et je n'ai pas pu changer ma personnalité. Jouer pour gagner nécessite « peut-être » de commettre des coups bas mais ce comportement ne correspond pas à ma ligne de conduite. Alors oui, de nombreux téléspectateurs (peut-être que vous aussi !) m'ont reproché bien souvent ce côté un peu naïf et mon manque évident de stratégie. Mais si j'avais suivi leurs conseils en usant de stratagèmes aux antipodes de mes valeurs, il est évident que ces mêmes personnes auraient été les premières à me huer et à médire sur les réseaux sociaux.

En tant que sportif et compétiteur, ma stratégie (si on peut parler ainsi) se cantonne à gagner les épreuves d'immunité. Mais dans « Koh-Lanta », dès le départ, les plus forts sont dans le collimateur des autres candidats. Certains diront : « *Tu n'aurais pas dû dévoiler tout de suite tes capacités sportives.* » Et je leur répondrai que si j'ai décidé de participer à cette aventure, ce n'est certainement pas pour me cacher lors des épreuves ou m'économiser pour être le meilleur sur la fin comme ont pu le faire certains candidats. Attention, je ne dis pas qu'ils ont eu tort car c'est une stratégie comme une autre pour éviter une élimination précoce.

En termes de stratégie, lors de ma première aventure en 2011, j'avais d'ailleurs admiré l'audace de Maxime avec son faux collier d'immunité. Même si je ne pense pas que cela soit la meilleure façon de gagner « Koh-Lanta », je le comprends. Chacun mène son jeu avec ses propres armes. L'essentiel est de pouvoir par la suite assumer ses actes. J'aurais très bien pu faire la même chose car je confectionne des colliers de coquillages depuis mon enfance mais j'ai plutôt préféré fabriquer un pendentif pour ma fille. On ne se refait pas.

J'ai pourtant essayé d'être stratège en tentant de me rapprocher de Gérard et Olivier avec qui j'avais eu quelques affinités au début de la réunification. Mais sans succès, l'équipe des rouges était incassable. Alors j'ai laissé faire les filles —Patricia et Alexandra — et je me suis concentré uniquement sur les épreuves d'immunité.

J'avoue avoir été plutôt naïf en révélant à Gérard que j'avais trouvé le collier d'immunité : j'ai baissé la garde inconsciemment et je ne me suis pas rendu compte de l'importance de ma révélation. Après l'élimination surprise d'Olivier provoquée par le collier d'immunité de Patricia, je ne voulais pas que Gérard subisse la même mésaventure. J'espérais simplement le protéger tout en restant discret mais il en a parlé à tout le monde et j'ai dû noyer le poisson par tous les moyens afin d'insuffler le doute chez les ex-rouges. Quand je vous disais que le caractère peut nous handicaper dans l'aventure… Dans mon cas, j'ai même oublié qu'il fallait aussi se méfier de ses (faux) « amis » dans le jeu !

Les épreuves

Avant de partir pour « Koh-Lanta », trois options s'offrent à vous : se préparer un minimum, s'entraîner plusieurs heures par jour ou bien ne rien faire. Lors de ma première aventure, je suis parti comme un « touriste », sans grande préparation physique mis à part un peu de jogging, et encore... J'ai misé sur mes acquis sportifs. Ne parlons même pas de mes deuxième et troisième « Koh-Lanta » : zéro préparation. Pour mon retour dans l'Île des héros, j'étais mieux préparé. Par chance, une de mes résolutions de l'année avait été de reprendre le sport et une alimentation équilibrée. Je m'étais alors inscrit à des séances de cross training (méthode d'entraînement physique regroupant des exercices dans différentes disciplines et permettant d'améliorer ainsi la performance globale) qui avaient commencé quelques semaines avant que je sois contacté par la production. J'avais alors multiplié les entraînements et même transformé mon jardin en salle de sport en plein air.

Dans « Koh-Lanta », les épreuves sont variées et si vous souhaitez bien vous entraîner, prévoyez au programme : de la natation, du fractionné en course à pied (cela correspond à alterner des périodes rapides courues à vitesse égale avec des périodes de récupération en footing lent) ou du cross training pour travailler l'endurance, la résistance, l'équilibre et le mental. Mais n'oubliez pas de vous octroyer des temps de repos entre chaque séance et d'avoir une bonne hygiène de vie et notamment une bonne alimentation.

Avant le grand départ, certains candidats entreprennent un petit régime afin de perdre des kilos superflus. D'autres, au contraire, vont prendre quelques kilos afin de se constituer des réserves. En général, ce sont ces derniers qui sont le plus vite touchés par la sensation de faim.

En tant que fervent admirateur des jeux de « Koh-Lanta », je ne peux que saluer le concepteur, Yann Le Gac (alias le père Fouras dans Fort Boyard), pour ses idées lumineuses. À chaque fois que j'arrive sur un jeu, je suis très impressionné par les constructions pharaoniques constituées à partir de matériaux naturels (bois, bambou, cordes) construites sur place. Yann Le Gac exige tout naturellement que les installations soient en parfaite harmonie avec l'environnement des îles sauvages. Jamais vous ne verrez de matières plastique sur les structures.

Dans le jeu, chaque épreuve de confort ou d'immunité est annoncée par une bouteille à la mer contenant un message. Nombreux me demandent comment cette bouteille arrive sur notre île et je leur réponds toujours d'un air sérieux : « *C'est un pêcheur local qui la lance au large. Cela peut prendre pas mal de temps pour que les vagues nous la ramènent, alors nous attendons.* » Cela m'amuse toujours quand certains répondent : « *Ah d'accord !* »

Quelques minutes avant le coup d'envoi d'une épreuve, Denis Brogniart nous résume rapidement les règles. Puis un responsable des jeux prend les commandes et nous les réexplique dans les moindres détails afin d'éviter toute incompréhension. Il évoque aussi plus longuement les règles de sécurité. Les jeux se tournent en une seule prise, comme pour un direct, alors il vaut mieux ouvrir grand ses oreilles ! Si on part à contresens ou si on saute un obstacle alors qu'il faut le franchir en rampant, on est pénalisé et c'est tant pis pour nous ! Il arrive souvent que les épreuves ne durent que très peu de temps (moins de cinq minutes), comme l'épreuve de la bascule en 2011 (il fallait se tenir debout en équilibre sur une bascule en bois), mais parfois elles peuvent durer plusieurs heures.

En 2011, avant chaque épreuve, j'entonnais avec mon équipe un cri de guerre que j'avais proposé au tout début de l'aventure : «*A tu, a tu, a tu te toa, a tu, a tu, a tu te Wasaï*» qui signifie «Lève-toi guerrier, lève-toi guerrier wasaï». Par ce *haka*, nous nous motivions mutuellement en invoquant la force des ancêtres.

Durant les épreuves, j'avais une telle envie de gagner, de me surpasser, que je m'étonnais moi-même sur certaines performances. Une fois, après avoir remporté une victoire individuelle lors de « l'épreuve en trois étapes », je me souviens que Denis Brogniart s'était exclamé : «*Teheiura, on ne vous reconnaît plus !*» Bien souvent, la rage de vaincre me permettait de réussir à m'emparer du totem d'immunité, emblème de « Koh-Lanta ». Quand mes mains le touchaient, je ressentais une vive émotion, totalement indescriptible. J'ai pourtant bien cherché mais je n'ai trouvé aucun mot pour exprimer ce sentiment si singulier.

Du parcours du combattant au paresseux en passant par le radeau et la dégustation, certaines épreuves sont devenues mythiques au fil des années. Voici une petite compilation des épreuves qui m'ont le plus marqué.

Le radeau, épreuve de confort en équipe, 2011

J'attendais avec impatience l'épreuve du radeau : hors de question pour moi de ne pas la gagner. En Polynésie, la pirogue, c'est le premier moyen de navigation pour la pêche ou pour se déplacer d'île en île et c'est aussi un des sports les plus pratiqués. Forcément, c'était l'épreuve à ne pas rater, comme un défi culturel.

À la lecture du message de la bouteille à la mer : «*Si frêle soit l'esquif, de sa vitesse dépendra votre fortune ou votre naufrage*», je me suis douté qu'il s'agissait de l'épreuve du radeau. Mes coéquipiers ont vite compris que j'allais pouvoir leur faire profiter de mon savoir-faire dans le domaine : j'étais dans mon élément. Sous leurs yeux attentifs, j'ai dirigé de A à Z la construction du radeau reçu en kit, façon pirogue polynésienne avec un seul balancier, et les filles m'ont aidé à la construire. Pourquoi un seul balancier ? Pour rendre la pirogue plus facile à manœuvrer et pour la redresser plus rapidement en cas de chavirage. Une fois notre embarcation construite, nous l'avons testée en partant explorer les alentours de notre île. Un peu plus tard, les équipes de production l'ont récupérée et amenée directement sur l'île où se déroulait l'épreuve.

Rien qu'en observant le «paquebot» élaboré par Martin, candidat de l'équipe adverse, j'ai eu l'intuition que notre embarcation présentait beaucoup plus de chances de viabilité (on en a beaucoup ri avec Martin à notre retour en France). Durant la course, notre tribu s'est montrée survoltée, déterminée. À l'arrière de l'embarcation, j'ai mis toute mon énergie à barrer la pirogue. Double victoire pour moi : l'épreuve et la consécration de la tradition polynésienne. Un grand moment très gratifiant !

La dégustation, épreuve d'immunité en équipe, 2011

L'épreuve de la dégustation est un grand classique dans « Koh-Lanta », très appréciée des téléspectateurs (un conseil : pendant la diffusion, évitez d'être en plein repas). Le message est clair : « *Bomber la panse sans y penser, pour espérer être sauvé* », l'épreuve attendue nous appelait à manger… pour notre plus grand bonheur. Denis Brogniart a lancé le jeu : « *Je vais vous demander de mettre maintenant votre main sur la noix de coco. Attention… regardez tout de suite !* » Au menu : un œil de barracuda, à ingurgiter le plus vite possible. *Tama'a maita'i !* Bon appétit !

Cette épreuve est redoutée par bon nombre de candidats. Certains n'ont pas touché à leurs mets, comme Délisia qui paniquait, tandis que d'autres faisaient leur possible pour ne pas vomir. Je me souviens d'Olivier qui luttait contre ses haut-le-cœur. Je ne sais pas si vous avez déjà eu l'occasion de déguster un globe oculaire mais, pour vous donner une idée, cela a un simple goût de poisson cru ! Une saveur délicieuse et subtile ! En revanche le cartilage, très dur, m'a demandé de sacrés coups de mâchoire !

La tour, épreuve d'immunité en équipe, 2020

J'avais déjà vu l'épreuve de la tour sur mon petit écran et je trouvais l'idée ingénieuse. Je vous l'explique comme le ferait Denis Brogniart : chaque équipe est divisée en deux. Une partie de l'équipe doit transporter une charge de 100 kilos, reliée à un touret par une corde, en traversant différents obstacles, avec comme objectif d'aller le plus loin possible. Pendant ce temps, un candidat, attaché lui aussi à une corde, doit user d'agilité et de rapidité afin de traverser des entrelacs de bois pour monter jusqu'en haut d'une tour. Sa mission : récupérer un bâton et redescendre le plus vite possible pour bloquer le touret de l'équipe adverse (si vous avez perdu le fil du règlement, vous comprenez maintenant pourquoi nous avons besoin de plusieurs explications avant d'entamer un jeu).

Sur cette épreuve, certains candidats pensaient qu'il fallait obligatoirement choisir les hommes forts pour porter la charge et donc une femme pour monter à la tour. Or, je persistais à croire le contraire. J'ai alors imposé à mon équipe de monter moi-même à la tour car j'étais persuadé que mon expérience pour grimper aux arbres me serait utile. J'avais conscience que je prenais un risque en m'imposant ainsi car une défaite de ma part aurait compliqué un peu plus mon intégration au sein des Nacomo. Mais j'avais aussi une totale confiance en eux. Je savais que de leur côté, ils arriveraient à porter la charge sans problème. Résultat : nous avons remporté l'épreuve haut la main.

L'étoile, épreuve d'immunité en individuel, 2011

L'étoile est une épreuve comme je les aime, qui demande patience et dépassement de soi. Le but : tenir en équilibre entre deux parois en bois. J'avais absolument besoin de remporter ce premier jeu d'immunité en individuel car je risquais de me faire éliminer le soir même. Sur le camp réunifié, nous étions en très mauvaise posture : la tribu adverse n'avait qu'une idée en tête, éliminer tous les membres de notre équipe qui se trouvait en minorité numérique. Et ils commenceraient par « sortir » les plus forts.

Sous un soleil de plomb, j'ai rassemblé toutes mes forces pour tenir bon et ne pas lâcher prise. Environ une heure après le début de l'épreuve, Alexandra a crié sa joie et sa surprise à la vue d'un petit requin qui tournait autour de nous. À ce moment-là, je me suis dit : c'est un signe ! En Polynésie, le requin symbolise l'esprit combatif et la protection (vous vous souvenez, un de mes tatouages représente d'ailleurs ce fascinant poisson !). Intrigué, Denis Brogniart m'a demandé :

– Teheiura, qu'est-ce que vous êtes en train de faire avec votre main droite ?

– Je suis en train de graver les noms de ma fille Manavai et de ma femme Céline.

– Ça veut dire que tout va bien ? Vous pouvez tenir encore longtemps ?

– Je tiendrai bon, grâce à elles.

Après 1 h 33 d'efforts intenses, de patience et de souffrances physiques, j'ai remporté mon premier totem en individuel, m'évitant ainsi une élimination précoce.

Le grappin, épreuve d'immunité en individuel, 2011

La première étape du jeu du grappin consiste à dénouer une longue corde au bout de laquelle se trouve un grappin. Dans un second temps, il faut utiliser ce dernier pour attraper un coquillage posé derrière une palissade en bois.

J'avais réussi à arriver le premier à la deuxième étape. Il ne me restait plus qu'à récupérer mon coquillage (nominatif) pour remporter l'immunité. C'était plutôt bien parti puisqu'il ne se trouvait plus qu'à quelques mètres de moi. Pendant ce temps, Laurent avait malencontreusement rapproché celui d'Ella. Alors, pour ne me donner aucune chance de victoire, il a continué sur sa lancée en ramenant le coquillage de son ancienne coéquipière rouge (pour rappel, nous étions en épreuve individuelle). Gérard a essayé de le raisonner : « *Prends le tien Laurent !* », en vain. Ella, qui terminait tout juste la première étape, s'en est emparé dans l'incompréhension la plus totale, et a remporté le jeu, me laissant anéanti sur le banc de touche. Je bouillonnais.

J'ai bien senti que Denis Brogniart n'avait pas apprécié cet antijeu. Dans ses commentaires à la fin de l'épreuve, il n'a pas mâché ses mots en demandant à Ella si elle pensait que sa victoire était méritée. Elle lui a répondu par la négative. Puis il s'est adressé à moi : « *Teheiura, qu'est-ce que ça vous fait de voir que Laurent offre ce totem sur un plateau d'argent à Ella ?* » Ma réponse m'a semblé logique : dans une épreuve dite « individuelle », je n'aurais jamais joué « en équipe » comme Laurent l'avait fait.

Au retour sur le camp, alors que les ex-rouges avaient des échanges houleux et virulents, moi je ne pensais qu'à une seule chose : que mon aventure allait prendre fin le soir même. Laurent, en agissant dans le sens d'une stratégie d'équipe dans une épreuve individuelle, m'avait condamné. Heureusement, il a pris conscience que son erreur pouvait se retourner contre lui et a demandé à ses ex-coéquipiers rouges de ne pas mettre mon prénom dans l'urne au conseil. Ce soir-là, j'ai eu très chaud !

La course des aveugles, épreuve d'immunité, 2012

La course des aveugles est une épreuve divisée en deux parties. Au début du jeu, j'étais en duo avec Bertrand : lui en tant que guide et moi en tant qu'aveugle. Le bandeau sur les yeux, je n'ai pas hésité une seule seconde à foncer tête baissée pour retrouver le masque identique à celui présenté par Denis Brogniart. Le parcours s'est avéré rude et semé d'embûches: j'ai embrassé quelques arbres au passage et me suis emmêlé les pieds maintes fois dans des racines.

Notre duo a si bien fonctionné que nous avons remporté la première manche. La finale du jeu prévoyait notre affrontement. Bertrand a choisi Freddy comme guide et moi la voix porteuse de Coumba. Bertrand avait déjà une certaine avance sur moi quand Freddy, poussé par son désir de gagner à tout prix, m'a induit en erreur volontairement en me guidant dans la mauvaise direction. Évidemment, Bertrand a remporté la victoire aisément.

Sur le moment je n'ai pas compris, je n'avais même pas reconnu la voix de Freddy. Lui-même était complètement dérouté par ce qu'il avait fait. Denis Brogniart n'a pas hésité à le réprimander en pointant du doigt son grand manque de fair-play. Freddy s'en est excusé mais il a été éliminé quelques minutes après, lors d'un conseil surprise. Cette élimination n'avait cependant aucun rapport avec ce qui venait de se produire. Elle découlait d'une stratégie mise en place bien avant.

Le parcours du combattant, épreuve d'immunité en individuel, 2014

Une autre épreuve incontournable de « Koh-Lanta » : le parcours du combattant. Il s'agit de réaliser un parcours parsemé d'obstacles le plus rapidement possible. En général, la première manche est réservée aux femmes tandis que la deuxième est consacrée aux hommes. La finale se joue alors entre le meilleur chez les hommes et la meilleure chez les femmes sur un jeu d'équilibre pour plus d'équité, mais il peut y avoir d'autres variantes. Pour tout vous dire, cette épreuve n'est pas celle que j'affectionne le plus car mon point faible, c'est l'endurance.

La veille de l'épreuve, j'avais gagné une récompense nous permettant à moi et à un candidat de mon choix de retrouver nos proches par vidéoconférence sur Internet. J'avais finalement désigné Phil en pensant à son enfant alors que j'avais promis à Laurent de le choisir. Après coup, je m'en suis voulu énormément. Aussi, lors du parcours, mon moral était au plus bas. Complètement abattu par ce manquement à ma parole, j'ai effectué le parcours sans grande motivation. Laurent (alias le lion) a remporté la course aisément. Un vrai jeu d'enfant pour lui qui avait suivi un entraînement très sérieux plusieurs mois avant ce *All Stars*.

Le paresseux, épreuve d'immunité en individuel, 2012

L'épreuve du paresseux est toute simple mais réclame une résistance sans faille. L'objectif : rester suspendu le plus longtemps possible par les bras et les jambes autour d'une poutre horizontale.

Au fil des minutes, puis des heures, les candidats sont tombés un à un et le totem s'est finalement joué entre Claude et moi. Suspendus à notre poutre, à côté l'un de l'autre, nous nous sommes défiés en paroles : je lui disais que j'allais remporter le totem car je me sentais complètement à l'aise. Et lui me narguait en rétorquant que je pouvais toujours rêver ! Nous voulions tous deux nous surpasser et visions de battre le record historique en dépassant les 2 h 30 de Frédérique Jossinet face à Grégoire lors du Choc des héros, deux ans auparavant. Dans des épreuves comme celle-ci, où l'attente est interminable, nos bras tétanisent vite mais la souffrance physique disparaît quand l'adrénaline prend le relais.

Les aventuriers tombés avant nous patientaient sur le côté et pouvaient en profiter pour piquer un petit somme tandis que les équipes de tournage avaient les yeux — et les caméras — rivés sur nous deux. L'attente était si longue qu'à mon avis, certains devaient se dire : « *Allez, c'est bon, ils peuvent lâcher maintenant !* »

Est-ce que j'ose vous faire partager une petite anecdote ? Comme j'ai décidé de tout vous dire, allons-y ! Alors qu'un cadreur demandait à changer la batterie épuisée de sa caméra, j'ai soudain eu une envie pressante… J'ai demandé à Denis Brogniart si je pouvais… Il m'a répondu : « *Oui, bien sûr, mais tournez-vous hors caméra !* » Alors du haut de mon perchoir, tout en continuant l'épreuve, je me suis soulagé d'un petit besoin naturel !

Au bout de trois heures, Denis Brogniart a fait évoluer le jeu en le compliquant : « *Vous allez devoir retirer une main du tronc.* » Et onze minutes plus tard, j'ai senti progressivement mes baskets glisser. Un peu dépité, j'ai accepté avec fair-play le triomphe de Claude. La conséquence de cette défaite a été fatale le soir même au conseil. Elle m'a valu mon élimination du jeu et quelques cicatrices aux coudes. Quel duel hallucinant ! Quel sera le prochain candidat qui pulvérisera le record de 3 h 11 min sur l'épreuve du paresseux ?

L'équilibre sur l'eau, dernière épreuve d'immunité en individuel, 2011

« *Pied à pied. Gare aux faux pas* » : ce jeu, j'en raffole ! Sur ce type d'épreuve, je peux mettre à profit mes points forts : l'agilité et l'équilibre.

Nous étions cinq demi-finalistes à nous lancer à l'assaut des plateformes. À chaque étape, un candidat avait été éliminé jusqu'à ce que Martin et moi, nous nous qualifiions pour la finale du jeu. Remporter cette épreuve d'immunité allait permettre à l'un de nous deux de poursuivre l'aventure. Ayant déjà joué mon collier, ma seule option était de gagner ! Sinon, je pouvais tirer un trait sur l'épreuve d'orientation et les poteaux. Pour Martin, l'occasion de m'éliminer se présentait enfin, mais c'était sans compter sur ma détermination.

Quand Denis Brogniart a crié : « *3, 2, 1, go...* », je me suis lancé à corps perdu sur le parcours en franchissant les plateformes comme une gazelle. Je sentais Martin à mes trousses mais une fois la dernière plateforme atteinte, j'ai soufflé un peu. Martin, derrière moi, n'avait pas d'autres choix que d'attendre son tour. Je ne voulais pas me précipiter face à l'enjeu, crucial pour la suite, alors j'ai pris tout mon temps avant de me lancer sur la dernière poutre d'équilibre.

Une fois passé l'ultime obstacle, j'ai bondi jusqu'au totem que j'ai brandi, les yeux levés au ciel, en remerciant tous les êtres aimés. Je pouvais relâcher toute la pression que j'avais accumulée depuis la réunification puisque les portes de la finale de « Koh-Lanta » s'ouvraient enfin à moi. Quant à Martin, il a eu du mal à digérer sa défaite et, malheureusement pour lui, il a été éliminé le soir même.

Les récompenses

Dans « Koh-Lanta », il y a deux types d'épreuves : les épreuves d'immunité qui nous protègent de toute élimination et les épreuves de confort. Ces dernières nous permettent de gagner des récompenses pour améliorer notre confort sur le camp (kit de pêche, riz, feu), de remplir nos estomacs et raviver nos papilles (fruits exotiques, pâtisseries) ou encore de nous « évader » du campement.

Ces sorties en extérieur m'ont procuré à chaque fois un sentiment de plénitude. Elles sont idéales pour faire une pause, moralement et physiquement, et recharger les batteries. Quel plaisir de se retrouver au contact des populations locales dont j'ai apprécié à chaque fois la simplicité, la gentillesse et la volonté de partager leurs coutumes. Visiter des endroits chargés d'histoire comme les célèbres temples d'Angkor au Cambodge, nager avec les raies manta dans les eaux turquoise d'Indonésie : tant de découvertes et de sensations qui resteront à jamais gravées dans ma mémoire.

Mais les récompenses les plus espérées, celles que nous attendions par-dessus tout, demeuraient celles qui nous permettaient d'être en contact de près ou de loin avec notre famille.

La boîte famille (2011)

Pour gagner cette récompense, nous devions sortir vainqueur de l'épreuve individuelle des « trois étapes ». L'objectif était de réaliser un parcours en trois étapes, chargé de sacs de sable. Le dernier arrivé à chaque étape quittait le jeu en attribuant ses sacs à un ou plusieurs aventuriers de son choix qui se retrouvaient alors pénalisés.

Malgré mes vingt kilos sur le dos, j'ai remporté la victoire et ai reçu des mains de Denis Brogniart une boîte venant de ma petite famille.

À l'écart des autres candidats, j'ai ouvert la boîte sur laquelle mon nom avait été inscrit en gros. Céline avait pensé à tout ce qui pouvait me toucher le plus : du monoï de Tahiti, notre huile sacrée au parfum unique, de la vanille de mon île natale Tahaa (quel délice de manger du riz au lait de coco parfumé à la vanille sur « Koh-Lanta »), un des doudous préférés de Manavai en guise de porte-bonheur, un petit paquet de gâteaux pour ma gourmandise, un leurre pour la pêche, une brosse à dents avec du dentifrice, du gel douche ainsi que des lettres et des photos. Sur une des lettres, elle avait écrit : « Vis ton retour aux sources comme tu l'as toujours rêvé. » Toutes ces attentions qui témoignaient de son affection m'ont bouleversé.

L'appel téléphonique (2011)

Je sais bien que les téléspectateurs s'étonnent à chaque fois de la séquence émotion du coup de fil aux proches. Moi-même, devant mon écran, je suis longtemps resté perplexe devant les florilèges de larmes. Bien calé sur son canapé, il est très facile de se moquer : « *Mais quelle comédie ils font !* » « *Quand même, cela ne fait que quelques jours qu'ils ont quitté leur famille.* » « *Ils en font trop !* » « *Ils le savent bien qu'ils vont se revoir.*». Désormais, je peux vous certifier qu'à ce stade du jeu, devant les caméras, nous ne sommes pas en état de composer. Avec la fatigue, la faim, les différentes tensions dans les équipes et le stress des éliminations au fil des jours, nous sommes véritablement à fleur de peau ! Alors quand Denis Brogniart m'a tendu le téléphone satellite, j'ai expérimenté ce moment si particulier :

– Oui, allô ?

Lorsque j'ai entendu la voix de Céline, je n'ai pu retenir ma joie.

– Oui ma chérie, c'est moi, attends, attends, attends, attends, attends... Moi ça va très, très bien... On a eu des moments très durs mais je tiens le coup, et toi tu vas bien ?

– Oui ça va très bien, Manavai va bien mais je n'ai pas pu la garder avec moi...

– Elle n'est pas là ?

À ce moment-là, je me suis effondré en larmes.

– Non elle n'est pas là, elle est à la crèche. Ne t'inquiète pas ! Ne pleure pas !

Nous avons eu moins de cinq minutes pour échanger et j'ai eu l'impression que les minutes avaient été des secondes. Quand j'ai raccroché, je me suis emporté et j'ai donné un grand coup de pied dans un arbre de déception. J'aurais tant aimé parler à ma fille.

La venue des proches (2011)

Au trente-quatrième jour, j'ai aperçu la bouteille flotter au bord de l'eau avec le message suivant : « *Sur la flèche qui l'atteint, l'oiseau reconnaît ses plumes.* » En même temps, la production avait déposé discrètement sur notre campement une cible, un arc et quelques flèches. Non pas pour notre distraction mais pour nous préparer à la fameuse épreuve de confort des flèches !

En tant que fan de l'émission, je savais très bien que, lors de ce jeu, on sollicite les proches des candidats pour les faire venir mais je m'étais mis dans la tête que Céline ne pourrait jamais faire ce voyage à cause de son travail. Je me suis donc rendu à l'épreuve avec la légère appréhension de découvrir mon invité surprise ! Avant que la compétition ne commence, une autre séquence émotion forte de « Koh-Lanta » arrive avec la présentation des invités. Vous avez sorti vos mouchoirs ?

C'est à moi que Denis Brogniart a annoncé en premier qui avait fait le voyage. En devinant au loin la silhouette de Céline, je me suis tourné brusquement et ai cherché à cacher les sanglots qui montaient en moi. Mais je me suis retourné aussitôt pour mieux la regarder arriver. Je souriais et grimaçais en même temps sous le coup de l'émotion. J'ai murmuré, heureux : « Elle a réussi à se libérer. » Je me sentais comblé par sa présence. Elle se tenait là, devant moi, avec ses grands yeux verts, doux et pétillants, ses longs cheveux noués dans le dos. Je lui ai adressé un baiser de la main. Denis Brogniart a entamé la discussion :

– Qu'est-ce que ça vous fait, Teheiura ?

Je vous assure qu'à cet instant, on est tout nu face à ce qui nous submerge.

– Beaucoup d'émotion, beaucoup d'amour, je t'aime ma chérie.

Je ne pouvais pas la quitter du regard. Elle m'a renvoyé un baiser furtif en répliquant doucement :

– Moi aussi.

Denis Brogniart a demandé :

– Céline, comment vous le trouvez ?

Elle se tenait très droite face à moi, le sourire jusqu'aux oreilles, les deux bras tendus vers le sol, ses deux mains l'une dans l'autre devant elle, comme une jeune fille bien sage.

– Il est beau… malgré la barbe ! C’est mon mari et je l’aime.

Même en ayant regardé maintes fois cette épreuve, quand elle vous arrive en vrai, il n’y a pas de cinéma possible. Le manque de nos proches fait ressortir tous les sentiments enfouis et on les exprime spontanément, sans pudeur. On ne peut pas faire autrement.

La règle de ce jeu de confort consiste à planter sa flèche le plus près du centre de la cible afin de pouvoir casser celle de l’un de ses adversaires. Le gagnant peut alors passer une nuit dans un hôtel avec son invité.

On a armé nos arcs et nos flèches et on a visé tous dans la même direction. J’ai planté ma première flèche au plus près de la cible. C’est à moi que revenait la première élimination. J’ai désigné Martin. Seule sa copine n’avait pas pu faire le déplacement. Cela me semblait être le moins mauvais des choix car, de toute façon, en cas de victoire, il n’aurait pas pu passer la soirée avec elle. J’ai gagné l’épreuve sur la deuxième flèche également. J’ai dû changer de logique et j’ai choisi d’éliminer la flèche la plus près de la mienne : malheureusement celle de Laurent. Je dis « malheureusement » car ce jeu est de loin le plus cruel. Dans toutes les autres épreuves, on peut gagner par rapport aux autres mais la victoire suffit à faire de vous le gagnant. Là, on gagne et on commet un acte symboliquement dur. Prendre la flèche de l’autre et la casser sur son genou a quelque chose de sadique. On gagne et on signifie réellement à l’autre qu’on le casse. Jamais dans la vraie vie, je ne pourrais avoir ce genre de comportement, mais ce sont les règles du jeu à « Koh-Lanta ». Troisième flèche : nous étions encore trois en lice et c’est Ella qui a mis dans le mille. La mienne est partie complètement dans le décor. Je n’arrivais même pas à voir où elle s’était plantée.

Ella a suivi ma logique et a décidé d'éliminer celui qu'elle a déclaré être le plus fort sur l'épreuve : moi. J'ai été tellement déçu… J'ai quand même trouvé la force d'articuler à Céline :

– Je suis désolé de t'avoir fait faire tout ce voyage pour pas grand-chose. Je n'oublie pas notre source sacrée Manavai que j'aime, j'aime, j'aime. Elle me manque si fort…

Céline, en voyant mon trouble, s'est élancée vers moi et a passé ses deux bras autour de mon cou.

– Ce n'est pas grave.

– Je t'aime tellement. Prends bien soin de notre fille.

Un long baiser entre nous a conclu ces mots qui étaient venus tout seuls et tant pis pour les caméras. On les oublie déjà souvent mais là, elles n'existaient plus du tout. Elle a esquissé les premiers pas pour partir et m'a dit :

– Tu continues, tu vas jusqu'à la finale.

– Jusqu'au bout, comme promis. Merci d'être venue. Au revoir ma chérie.

Je l'ai suivie du regard aussi longtemps que possible alors qu'elle disparaissait dans la jungle. J'étais tellement admiratif de tout ce qu'elle faisait pour moi ! (Je le suis toujours). Je me suis retrouvé assis à côté de Laurent sur un grand tronc d'arbre, le visage illuminé d'avoir pu goûter ces quelques instants forts et intimes. Lui aussi venait de vivre cette intensité, avec son père. On a alors checké, poing contre poing : « *C'est l'aventure qui compte, pas vrai ? Et puis, il ne reste que sept jours.* »

Ne pas remporter l'épreuve m'avait bien sûr attristé mais la seule présence de Céline avait déjà été une très belle récompense. La voir à ce moment-là avait décuplé mes forces pour aller jusqu'au bout de l'aventure.

Et leur sentence est irrévocable

«*Les aventuriers de votre tribu ont choisi de vous éliminer et leur sentence est irrévocable.*» À chaque conseil, cette phrase referme le cérémonial tant redouté par tous car synonyme d'éviction de l'aventure. Tous les trois jours, il rassemble les membres de chaque tribu ou de la tribu réunifiée pour que chacun vote et élimine un aventurier: c'est le conseil de «Koh-Lanta».

Hormis pour les conseils surprises qui ont lieu en plein jour, directement à la suite d'une épreuve d'immunité, le rendez-vous est pris en fin de journée, juste avant la tombée de la nuit. La préparation du sac aventure se fait dans l'incertitude la plus totale quant à notre retour sur le campement. Pour nous rassurer, nous essayons d'anticiper le déroulement et surtout la finalité du conseil en s'assurant que les alliances déjà mises en place soient toujours intactes ou bien en essayant d'aller à la pêche aux informations. Quand on demande les votes de chacun, la réponse est déjà toute faite: «*Je ne sais pas trop pour qui je vais voter ce soir... et toi ?*». Seul l'aventurier qui a remporté le totem d'immunité part serein. Pour les autres, la tension est palpable. C'est en général avec un petit pincement au cœur que nous quittons notre île d'aventure.

Après une traversée en bateau, équipés de notre sac et de notre flambeau symbolisant notre vie dans le jeu, il nous faut encore entreprendre un trek qui nous mène jusqu'au lieu sacré ! Cela se déroule dans le plus grand des silences, en file indienne, dans un ordre bien précis et en respectant la place que la production nous attribue sur le plateau du conseil.

Au Cambodge, j'ai été époustouflé en découvrant le lieu du conseil. Une parfaite réplique des temples d'Angkor. À chaque saison, l'équipe déco crée entièrement les décors, avec l'aide de locaux, tout en respectant la nature environnante. Leur inspiration ? La culture du pays. Mes yeux ont scruté longuement les ruines d'un grand réalisme avant de s'arrêter sur les détails minutieux des sculptures. La nuit ajoutait à la beauté des décors une atmosphère ésotérique et une sorte de dimension sacrée. Mais la présence de Denis Brogniart, président de la séance, nous a rappelé que nous n'étions pas là en simple visite touristique ! Après avoir déposé notre flambeau à l'entrée, il nous a accueillis chacun notre tour et nous a invités à nous installer sur de « confortables » rondins de bois.

En 2011, lors de mon premier conseil, je me souviens m'être réellement pincé pour être sûr que je ne vivais pas un rêve ! Je peux le dire aujourd'hui, me retrouver face à Denis Brogniart dans une ambiance tamisée, à la lueur des flambeaux, m'avait drôlement impressionné !

Mais lors de cette séance, il ne faut pas s'attendre à vivre une partie de plaisir car le moment se veut éprouvant. Le stress et les tensions peuvent très vite monter d'un cran. En premier lieu, Denis Brogniart détend l'atmosphère : « *Je vous félicite d'avoir réussi à faire le feu.* » « *Alors vous en êtes où avec votre cabane ?* » « *Quel beau poisson vous avez pêché ce matin !* ». Puis les choses sérieuses commencent. Son rôle ? Faire le point avec nous en tentant de nous faire avouer les rancœurs, les non-dits, les choses qui fâchent (les trahisons) ou qui chagrinent (la famille). Il pique tout simplement là où ça fait mal.

Chaque candidat a son quart d'heure de célébrité si l'on peut dire. Et même si l'on pense être exempt de tout reproche, notre cœur s'emballe à une vitesse folle dès lors que Denis Brogniart prononce notre prénom.

Le conseil peut durer très longtemps, tout dépend du déroulement de l'aventure et de ce qui se passe entre les concurrents. Pour tout vous dire, j'ai somnolé à maintes reprises sur mon rondin de bois et lorsque ma tête tombait en avant, je sursautais et me réveillais aussitôt ! Les cameramen devaient bien rire derrière leurs objectifs.

Parfois nous avons des surprises

Lors de l'édition 2020, aux Fidji, et là cela me touche plus particulièrement, j'ai cru que le ciel allait me tomber sur la tête. En binôme avec Charlotte, nos destins étaient liés. Nous avions remporté l'épreuve de confort deux jours avant le conseil ainsi qu'un avantage certain pour la suite : Denis nous avait donné un indice pour trouver un collier d'immunité caché sur l'île du camp réunifié. Aussi, lors de notre récompense — une sortie chez un pêcheur — nous nous étions dit que si nous le trouvions, nous l'utiliserions sans nous poser de question.

De retour sur notre île, Charlotte l'a déniché et m'a fait part de son heureuse trouvaille, qui m'a grandement réjoui ! Quoi qu'il arrive, nous étions sûrs de passer à l'étape suivante. Mais le jour du conseil, elle ne voulait plus vraiment l'utiliser. J'ai essayé de lui expliquer à maintes reprises la situation, mais en vain. Elle était persuadée que la majorité des candidats ne voterait pas contre elle, d'autant plus qu'un ancien jaune, Régis, lui avait bien fait comprendre qu'il nous suivrait sur notre vote. Elle leur faisait confiance et c'est donc sans aucune crainte qu'elle s'est rendue au conseil. De mon côté, j'espérais qu'elle utiliserait tout de même le collier car j'avais témoigné de mes expériences passées et lui avait expliqué qu'il fallait éviter de donner sa confiance, surtout à ce stade du jeu.

Une fois les votes réalisés, Denis Brogniart est revenu avec l'urne et a demandé : « *Est-ce que quelqu'un a un collier d'immunité et souhaite le jouer ce soir ?* » Charlotte n'a pas réagi. Là, assis juste derrière elle, je me disais : Mais sors-le, ton collier, fais ce qu'on a dit !, comme si elle pouvait entendre mes pensées. J'ai même eu envie de la pousser afin qu'elle lève la main et mette autour de son cou ce collier censé nous immuniser tous les deux. Mais je n'ai fait qu'assister à la scène, comme pétrifié. Alors oui, j'avais moi-même un collier secrètement caché. En fait, comme personne ne le savait, il était mon joker personnel pour la suite : c'était comme s'il n'existait pas à ce moment-là du jeu, ni pour les autres... ni pour moi-même. Donc, qu'elle sorte SON collier, le collier du binôme, sans réfléchir, comme nous en avions convenu, était pour moi la seule solution.

Focalisé sur son inertie incompréhensible, j'en ai oublié que le mien aurait pu nous sauver à ce moment précis. Tout se passe tellement vite dans ces moments-là ! À l'écran, vous, téléspectateurs, êtes tenus en haleine par un montage réalisé précisément pour faire durer le suspense le plus longtemps possible mais en réalité, pour nous, tout se joue en quelques instants. Avec la fatigue, la faim et le stress, les pensées tournoient dans la tête à une vitesse vertigineuse et sont parfois tétanisantes... Malheureusement, mon aventure s'est arrêtée. Quand le maître de cérémonie a prononcé son prénom, et à cause de la fichue règle du binôme, j'ai compris. La majorité, dont Régis, avait bel et bien voté contre Charlotte qui m'a entraîné dans sa chute.

Encore une preuve que toutes les situations sont inédites à « Koh-Lanta ». Même quand on pense avoir anticipé et disposer de toutes les cartes en main, il y a toujours des détails dans le comportement des joueurs qui échappent à notre propre logique.

L'élimination d'un membre de l'aventure n'est pas anodine

Lorsque nous nous présentons à notre premier conseil, il est forcément très difficile de désigner un candidat à éliminer. Nous ne nous connaissons que depuis quelques jours alors comment juger telle ou telle personne ? Quelquefois, certains nous facilitent la tâche. À cause d'un tempérament bien trempé, ils se font remarquer dès leur premier pas sur l'île et causent ainsi leur perte.

Au début de l'aventure, en général, les votes visent surtout à garder les plus méritants (je dis bien « en général » car chacun a sa définition du mérite). À ce stade, nous n'avons aucun intérêt à éliminer un élément fort de l'équipe. En effet, l'objectif reste de gagner les épreuves d'immunité, d'échapper au conseil, d'éviter l'élimination d'un membre de notre tribu et d'arriver en majorité numérique à la réunification.

En 2011, je n'ai obéi qu'à ma définition du mérite. J'ai donc voté contre les moins forts et les moins actifs sur le campement. L'élimination de Gégé a été un moment très touchant. J'avais beaucoup de respect pour cet homme malgré son caractère de « vieux têtu » mais ses capacités physiques le positionnaient malheureusement en dessous des autres. Devant nous, il s'est exprimé pour la dernière fois avec quelques mots touchants pour moi : « *Défends-toi Teheiura, je te vois aller très loin dans l'aventure, tu le mérites bien.* »

Et quand on se fait soi-même éliminer...

À l'appel de notre prénom par Denis Brogniart, notre cœur s'arrête complètement. Je vous raconte mon élimination lors de la Revanche des héros qui a été une grande surprise pour moi, je ne m'y attendais absolument pas ! D'autant que je ne me sentais pas en danger dans l'alliance majoritaire des ex-rouges.

Aux mots de Denis Brogniart : « *Teheiura, prenez votre sac, récupérez votre flambeau et rejoignez-moi !* », je suis resté bouche bée. Je ne réalisais pas. Je me suis levé comme un automate et l'ai rejoint le souffle coupé. J'avais l'impression d'être spectateur de ce qui était en train de m'arriver. J'en ai complètement oublié les autres aventuriers qui me regardaient sans grands scrupules. Denis Brogniart me fixait et d'un geste solennel a éteint mon flambeau. Mon visage qui était éclairé par la lumière du feu est rentré dans l'obscurité de la nuit en quelques secondes.

J'ai toujours accepté les événements comme ils arrivaient. Que faire de plus ? Bien sûr que l'on est déçu mais il n'y a pas d'autre choix que d'accepter la sentence du conseil. Denis Brogniart nous laisse ensuite la parole face aux autres aventuriers. Je n'ai pu lancer qu'un « bonne chance pour la suite » en m'adressant à tous. S'en est suivi le vote noir, qui consiste soit à écrire le nom de celui ou celle que l'on souhaite éliminer au prochain conseil soit à donner sa voix à la personne de son choix qui aura deux votes au prochain conseil. J'ai écrit sans vraiment réfléchir car mes pensées étaient troublées. Pourquoi ? Qui avait voté contre moi ? Qui m'avait trahi ? Ensuite, on se prête au jeu de l'interview de sortie de conseil afin que l'équipe puisse recueillir nos impressions à chaud. Enfin, alors que les caméras s'éteignent, Denis Brogniart vient toujours saluer le malheureux sortant. Dans un élan de réconfort et de soutien, il essaye de trouver les bons mots, les bonnes paroles… Ce fut le cas dans ma dernière saison, lorsque j'ai été éliminé au tout début du jeu dans l'équipe des rouges, à la surprise générale. Me retrouver en tant qu'« ancien » (donc expérimenté) dans une équipe de « nouveaux » m'a plutôt desservi. Pour eux, la stratégie a été de sortir tout de suite le candidat susceptible de leur voler une éventuelle victoire finale. Mais comme je l'ai expliqué précédemment, à ce stade de l'aventure, éliminer un maillon fort de l'équipe relève de l'inconscience. On peut redouter un candidat réputé fort en épreuve individuelle mais en équipe, il est un atout évident pour les victoires et la survie dans le camp.

Que l'on survive au conseil ou que l'on se fasse éliminer, nous dormons tous sur place pour des raisons de sécurité (la navigation de nuit est interdite). Un campement sommaire est installé en pleine jungle, proche du lieu du conseil, avec un assistant candidat et un infirmier du jeu. Le candidat éliminé, quant à lui, dort à l'écart du groupe puisqu'il ne fait plus partie du jeu. Cela évite, par la même occasion, toute tentation de règlement de comptes. Le lendemain, les aventuriers encore en lice rejoignent leur campement. Le candidat sortant est conduit soit vers « la maison des candidats » si l'élimination a eu lieu avant la réunification, soit vers « la résidence du jury final ».

La résidence du jury final

Lorsqu'un aventurier est éliminé avant la réunification, il fait un séjour de « remise en forme » de trois jours dans la « maison des candidats » en présence de la psychologue de l'équipe et avec tout le confort sanitaire et alimentaire. En revanche, il est toujours maintenu coupé du monde civilisé et sans téléphone ni Internet.

Aux Fidji, après ma première élimination, j'ai été dirigé vers un hôtel privatisé pour l'occasion afin d'éviter que je croise des touristes. J'avais à disposition une grande villa avec un salon et deux chambres, que je partageais avec un assistant candidat. Une attente interminable. C'est cruel mais je ne pouvais m'empêcher d'espérer la sortie éventuelle d'un autre joueur par abandon médical, sans y croire vraiment non plus. (Bien sûr, on ne souhaite jamais à personne de se blesser où d'avoir une défaillance physique mais étant donné que les règles du jeu intègrent cette éventualité, on y pense forcément). Le troisième jour, au cours de mon déjeuner, mon assistant m'a tendu un téléphone :

– Allô ?

– Bonjour Teheiura, c'est Julien Magne (producteur exécutif de « Koh-Lanta »). Vous allez bien ?

À cet instant précis, j'étais au bord de l'arythmie cardiaque et je me posais maintes questions sur la raison de son appel : me téléphonait-il pour me dire au revoir et me souhaiter un bon voyage ? Ou bien…

– Hey ! *'Ia ora na* Julien, oui ça va, lui-ai-je répondu spontanément.

Mon physique allait bien, certes, mais mon moral… comment dire… n'était pas au beau fixe.

– J'ai une très bonne nouvelle pour vous : vous revenez dans le jeu !

– … Nooon, c'est vrai ? Tu rigoles là ? Ça veut dire que quelqu'un est sorti sur avis médical ?

– Non, ce n'est pas une blague, c'est reparti pour vous. Eh oui, le médecin a interdit la poursuite de l'aventure pour un candidat. Préparez votre sac, vous revenez aujourd'hui même.

Après avoir raccroché, je n'ai pu m'empêcher de sauter de joie, tout en ayant une pensée pour la personne dont je devais prendre la place. À ce stade, je ne savais pas qui j'allais remplacer ni dans quelle équipe j'allais être intégré. J'espérais sincèrement que la raison médicale n'était pas trop grave. Vêtu de ma chemise à fleurs et d'un *pāreu*, je m'étais déjà résigné à quitter les îles fidjiennes prématurément. J'ai alors jeté un coup d'œil à mon déjeuner tout juste entamé. On aurait dit que le chef cuisinier se doutait que j'allais repartir en mode survie (mais il ne savait pas bien sûr). Il m'avait préparé une si belle assiette : un beau poisson grillé au barbecue accompagné de légumes, de riz et taro et de sauce coco. J'ai dégusté le tout et suis reparti reboosté dans le jeu !

Après la réunification, l'appellation « la maison des candidats » change et devient « la résidence du jury final ». Les candidats sortants constituent alors le jury de l'ultime conseil. Leur mission : élire le grand gagnant. Il y a cependant toujours un assistant candidat et la psychologue pour amortir la transition entre le jeu et la vie normale.

Est-ce que ce séjour s'apparente à des vacances ? Un peu, oui, mais nous sommes toujours considérés comme étant dans le jeu puisque nous participons au conseil final. Aucun contact n'est possible avec notre famille et cette règle est très difficile car on aimerait partager avec eux la déception de notre sortie. Aussi, le temps semble une éternité, d'autant plus pour les premiers sortis après la réunification, alors il faut se divertir comme on peut.

À notre arrivée dans la résidence, nous retrouvons notre valise de voyage avec nos effets personnels (sauf le téléphone qui ne nous sera restitué qu'à notre retour en France). Dans cette dernière édition, j'avais pris soin d'y ajouter un lecteur MP3 avec une playlist aux sons du *fenua*, des livres-jeux et surtout quelques friandises au chocolat (pour assurer un petit plaisir à la sortie). J'ai donc profité de ce court séjour pour me ressourcer, m'envelopper d'une atmosphère polynésienne et m'adonner à des loisirs comme la pêche en kayak ou des matchs de beach-volley.

Malgré les préconisations du médecin qui nous demande de faire attention à ne pas trop manger, on ne peut pas résister à la gourmandise et encore moins à la cuisine fidjienne. Le chef cuisinier Isoa nous a régalés avec ses bons petits plats locaux mais parfois aussi avec une quiche Lorraine ou une bonne salade César. Les kilos perdus lors du jeu se reprennent très vite !

Pour nous rappeler que nous sommes toujours dans le jeu, nous avons aussi des petits moments d'interviews avec l'équipe de journalistes lorsqu'un éliminé nous rejoint. C'est toujours un moment particulier de découvrir qui a fait les frais des stratégies des autres candidats. Selon les alliances et les stratégies mises en place, on est surpris ou pas.

Les épreuves mythiques de la finale

L'épreuve d'orientation (2011)

«*Au départ ils étaient vingt. Ils ne sont plus que quatre: Ella, Laurent, Gérard et Teheiura. Teheiura est le dernier représentant de la tribu jaune. Depuis la réunification, sa tête est mise à prix mais ses adversaires n'ont jamais réussi à le sortir. Avec ses cinq victoires individuelles, trois totems, le Tahitien est un redoutable compétiteur et un expert de la survie capable d'améliorer le quotidien de ses compagnons avec les moyens du bord.*»

Le matin de l'épreuve de l'orientation, je m'étais fabriqué une couronne avec des lianes. Me fixer sur ma réalisation artisanale me permettait de conserver mon calme et de ne pas m'éparpiller en agitation inutile. Rapidement, le message de la bouteille est arrivé: «*Pour continuer votre chemin, il vous faudra trouver le bon, avec votre boussole comme unique compagnon.*» Tout allait se jouer maintenant, mais je sentais au fond de moi que ma bonne étoile était toujours là et me conduirait à la victoire. Même si, on le sait très bien, dans un jeu comme celui-ci, tout peut arriver !

L'épreuve d'orientation consiste à trouver un poignard dans la jungle et à le planter dans un tronc d'arbre afin d'être qualifié pour l'épreuve mythique des poteaux.

Cela peut paraître simple, dit comme ça, mais l'épreuve requiert un bon sens de l'orientation, de la logique, de l'observation et surtout du sang froid et de la concentration ; avec toujours un facteur chance qui entre en jeu. Pour trouver son poignard, il faut passer par plusieurs étapes : d'abord chercher son arbre repère indiqué sur la carte, puis le coquillage caché à proximité sur lequel est inscrit un chiffre (correspondant aux nombres de pas à faire à partir du coquillage) et une couleur indiquant la direction. Enfin, il faut revenir à la table d'orientation où sont indiquées les couleurs associées à une direction précise (sud-ouest, nord-est, etc.).

Au top départ de Denis Brogniart, j'ai quitté la table d'orientation avec ma carte et ma boussole. J'ai fait un tel sprint, sans réfléchir, en direction de la plage où se trouvait « l'arbre béquille » que j'en ai oublié le Tof (surnom de mon cadreur). Je n'ai même pas pris le temps de voir quelle direction les autres aventuriers empruntaient. Nous étions quatre pour trois poignards, deux d'entre nous devaient forcément se disputer le même arbre. Qu'importe, j'ai foncé droit devant et je suis rapidement passé devant l'arbre choisi sans même le reconnaître. Pensant avoir trouvé quelques mètres plus loin le fameux « arbre béquille », j'ai commencé à faire un rayon de vingt pas autour de celui-ci pour trouver mon coquillage. Heureusement que j'étais toujours dans la bonne zone !

En regardant les images plusieurs mois plus tard, je me suis rendu compte que je n'étais pas réellement moi-même. On aurait dit un « sauvage ». À cause des branches, j'ai dû avancer courbé, tel un chasseur à l'affût. Je me déplaçais quand même méthodiquement, au ras du sol, en observant tout, en examinant mon environnement attentivement mais avec rapidité. Je me disais : Cherche ce qui n'est pas à sa place, ce qui n'était pas naturellement posé là.

Pendant ma course, mon cadreur, avec sa caméra d'une douzaine de kilos, devait me suivre, cavaler à la même allure que moi et surtout ne pas me perdre de vue. À un moment, sur un passage de bute, le Tof a dérapé et j'ai dû l'aider à passer. Cela nous a beaucoup fait rire et, heureusement, il a réussi à sauver la caméra ! Quand je vous disais que les équipes de la production vivent aussi à leur façon l'aventure « Koh-Lanta » !

Quand j'ai aperçu le coquillage caché, j'ai explosé de joie dans un silence absolu ! Je m'en suis emparé pour voir la couleur et le nombre de pas. Je l'ai remis aussitôt comme si de rien n'était, exactement là où il se trouvait en chuchotant à la caméra : « *Pas d'antijeu !* » On ne sait jamais si un autre concurrent cherchait dans les parages.

Alors, j'ai foncé, tête baissée, vers la table d'orientation pour connaître la direction associée à la couleur. J'ai entendu Denis Brogniart me questionner : « *Vous en êtes où Teheiura ? Vous avez trouvé le coquillage ? Quelle est la couleur ? Bleu foncé ? Il faut récupérer le couteau pour être assuré de disputer les poteaux...* » Denis faisait les questions et les réponses. Je fixais intensément les indications de la couleur bleu foncé tout en les répétant pour les mémoriser. J'étais dans un tel état, à la fois de concentration et d'excitation intérieure que je n'ai même pas pris la peine de lui répondre. Désolé ! Pas le temps de discuter de la pluie et du beau temps. Je suis reparti aussitôt, dans la position du félin qui court sur les traces de sa proie, sous le regard médusé de Denis qui n'a pas essayé de dialoguer plus longtemps. En repartant j'ai croisé une autre candidate, Ella : « *Tu as trouvé quelque chose ?* » « *Ah ben non, je suis obligé de refaire...* », ai-je menti dans un souffle.

De retour près du coquillage, la boussole à la main, j'étais en ébullition totale : à trente-deux pas, direction nord, se trouvait le poignard. Mais en pleine jungle, gêné par les lianes et les branches, il est très difficile de suivre un cap. Quand j'ai été sélectionné pour l'émission, je me souviens avoir acheté une boussole pour m'entraîner. Mais je n'avais pas pris le temps de l'utiliser car je ne pensais pas réellement arriver à ce stade de l'aventure. Ce jour-là, seul face à ma boussole, je n'avais pas d'autre choix que d'en comprendre le fonctionnement.

Je l'ai enfin trouvé, le précieux sésame que tous désiraient avoir en main ! Je me suis écroulé aussitôt, assis dans la jungle avec mon cameraman, peut-être ému lui aussi par mes larmes qui coulaient. J'ai brandi le doudou de Manavai en criant d'une voix étouffée : « *Manavai… papa va sur les poteaux !* » Puis, j'ai déclaré victorieux à la caméra : « *Je vais retourner là-bas et faire sonner cette corne, je vais leur mettre la pression.* »

Quand je me suis approché de Denis, je l'ai entendu dire : « *Venez jusqu'à moi, Teheiura, vous avez trouvé le poignard et c'est le premier !* ». Mais j'étais encore sous l'emprise de ma course effrénée, complètement transcendé par cette victoire inouïe. Je me suis alors avancé en plantant chacun de mes pas dans le sol, les genoux pliés, le dos arc-bouté, avec dans la main droite le poignard prêt à atteindre sa cible. J'ai articulé dans un râle incantatoire : « *A TU A TU A TU TE TOA, A TU A TU A TU TE WASAI* » et j'ai planté de toutes mes forces le couteau sur le tronc coupé devant moi en poussant un dernier cri de satisfaction. Certains ont peut-être pensé que j'avais préparé cette danse ancestrale pour cet instant précis afin d'épater les caméras. Il n'y a pourtant eu qu'un élan naturel qui a fait s'associer inconsciemment les gestes de ma culture à cette victoire.

J'ai enfin pu me redresser et regarder en direction de Denis, toujours très droit, m'observant dans un silence respectueux.

– Bravo Teheiura ! Ça vous qualifie quoi qu'il arrive pour l'épreuve des poteaux de demain. Nouvelle victoire pour vous : c'est la sixième !

Pendant qu'il parlait, j'ai déposé délicatement le doudou sur le tronc coupé à côté du poignard planté.

– Manavai, elle est avec moi sur les poteaux.

Sans se départir de son calme, Denis a continué :

– Teheiura, j'ai l'impression que vous êtes habité.

– Oui. Il y a du monde en moi. Toute ma famille, mes deux amours et tous ceux qui sont partis avant moi aussi, particulièrement mon frère Willy, parti il y a quelques années déjà mais à qui je n'ai pas eu l'occasion de dire au revoir comme il faut.

Je me suis senti secoué par les sanglots qui montaient :

– C'est une sensation inimaginable. J'en rêvais toutes les nuits et maintenant je vais sur les poteaux !

Gérard a mis deux heures pour planter son couteau, Laurent trois heures et quarante minutes, il m'avait fallu, à moi, quarante minutes.

L'épreuve des poteaux (2011)

Quand je suis arrivé sur l'île accueillant la mythique épreuve de l'aventure, je me suis senti pousser des ailes. J'avais imaginé les poteaux, je les avais visualisés et ils se trouvaient là, devant moi, tout simplement. Je n'avais qu'une hâte : monter sur mon poteau ! J'étais comme un enfant tout heureux d'aller à la fête foraine. Vous voyez ?

La règle est très simple : tenir en équilibre debout sur un poteau ancré dans une mer turquoise. Le dernier restant doit choisir son adversaire pour affronter le jury final. Yann Le Gac avait eu l'idée d'introduire cette épreuve en observant des pélicans perchés lors de la deuxième saison ! Une idée toute simple mais si ingénieuse !

Je suis rentré dans l'eau avec le doudou de Manavai à la main et j'ai pris place, pieds nus, sur un des poteaux aux côtés de Gérard et de Laurent. Il n'y avait plus qu'à attendre !

Au bout de trente minutes, Denis nous a interrogés sur notre degré de confort du haut de notre perchoir. Je lui ai répondu : «*J'ai un œil qui se ferme plus que l'autre à cause du soleil et pour tenir en équilibre, ce n'est pas terrible.*»

Ce jour-là, le soleil cognait fort sur nos corps épuisés par cette longue aventure. Nos organismes étaient soumis à rude épreuve depuis le début et ce n'était pas le moment de souffrir de déshydratation. Pour cela, on nous avait équipés tous les trois de sacs à dos spéciaux appelés Camelbak. Ils contenaient chacun une poche d'eau reliée à un tube qui nous permettait de nous désaltérer facilement, sans bouger.

L'équipe de tournage, calée face à nous, ne bougeait pas d'un iota. Pendant ce temps, nous patientions comme nous pouvions. Laurent, qui se trouvait entre Gérard et moi, chantonnait des tubes de Michael Jackson. En l'entendant, je me disais en riant intérieurement : Allez vas-y, fais-nous quelques pas de danse. Fais-nous un joli *moonwalk* suivi d'un plouf ! Au lieu de ça, il a réussi à me déstabiliser à un moment donné à cause de ses flatulences. Cela m'a bien fait rire ! Gérard, qui se trouvait à l'autre extrémité, lui, ne disait pas un mot !

De mon côté, j'ai ressenti les premières douleurs aux pieds et j'ai essayé tant bien que mal de m'évader en chantant des mélodies de Tahiti. À un moment, j'ai voulu coincer le doudou de Manavai sous l'anse de mon sac à dos et il m'a échappé subitement, tombant à l'eau. J'ai essayé de ne pas réagir mais mes yeux ne pouvaient pas s'empêcher de le suivre tandis qu'il s'éloignait en flottant sur l'eau. «*Manavai, je suis désolé, papa a fait tomber ton doudou mais ne t'inquiète pas, à la fin de l'épreuve, papa le récupérera, et même s'il faut nager des kilomètres, je nagerai.*»

Une heure et demie après le début de l'épreuve, Denis Brogniart a corsé le jeu : «*Vous allez laisser tomber une première plaque de la plateforme*» puis trente minutes plus tard : «*Vous allez faire de même pour la deuxième plaque*». Avant même le top de Denis Brogniart, Laurent a tiré trop vite sa cordelette, et il est tombé à l'eau en rageant. Quant à moi, déconcentré par sa chute, j'ai lâché la mienne sans arriver à me débarrasser de la petite plateforme. Mon équilibre s'en est trouvé perturbé. J'ai vacillé et j'ai fini par perdre définitivement l'équilibre. Plouf, dans l'eau ! Gérard a remporté l'ultime épreuve.

Pendant que Laurent et Gérard marchaient dans l'eau pour retrouver le rivage, moi je traînais derrière, j'avais beaucoup de mal à marcher à cause d'une grosse douleur dans le pied gauche. Arrivé sur la plage, un membre de l'équipe qui avait récupéré le doudou me l'a rendu.

Avant que Gérard ne désigne son adversaire pour la grande finale, Laurent m'a chuchoté :

– Ça sera toi !

– Non, ça sera toi. Entre copains et entre rouges…

– On parie un burger ?

Ils en avaient discuté auparavant, c'était un choix purement stratégique et mûrement réfléchi. Alors quand Denis Brogniart a demandé à Gérard de rendre son verdict, il m'a désigné tout naturellement. Face à Laurent, gagner s'avérait compliqué. Il pensait que ce dernier risquait de remporter plus de suffrages que lui, surtout auprès de la gent féminine qu'il avait su charmer par son humour et sa plastique. Face à moi, sa victoire était quasiment assurée puisque la couleur de son ancienne tribu siégeait majoritairement au jury final. (Quand je vous disais plus haut que même après la réunification, on garde souvent la fidélité à sa couleur initiale).

L'ultime conseil

À « Koh-Lanta », il ne suffit pas de tenir le plus longtemps possible sur les poteaux pour remporter la dernière victoire. C'est le jury final qui va déterminer qui des deux finalistes a le plus de mérite pour être élu « ultime survivant ». Je me suis retrouvé dans les deux situations possibles : assis sur mon rondin de bois en tant que jury et en tant que finaliste. Bien que ce dernier rôle soit le plus convoité, il peut être aussi difficile à endosser, notamment lorsque l'on se retrouve face aux autres aventuriers. Denis Brogniart ne fait qu'initier les discussions afin que les membres du jury débattent tout en pointant du doigt les choses qui ont pu déplaire ou fâcher.

En 2011, Gérard et moi étions arrivés face au conseil final composé d'Alexandra, d'Anthony, de Patricia pour les ex-jaunes et de Florence, Virginie, Olivier, Martin, Ella et Laurent pour les ex-rouges. En voyant Olivier, je m'attendais à ce qu'il évoque le manquement à ma parole lors du jeu des ambassadeurs. Et c'est ce qu'il a fait, dès le début du conseil, en me demandant de lui rendre des comptes. Les bons mots ne sont pas venus assez vite pour lui expliquer ce qui s'était passé exactement et dans l'ordre des choses. De plus, j'étais exténué et je n'avais pas réellement envie de rentrer dans un débat de longue haleine. Alexandra a pris ma défense avec la verve qui la caractérise. Elle lui a expliqué clairement que, face à leur intention de trahir le pacte des ambassadeurs, les jaunes avaient décidé de prendre les devants et de ne pas suivre la parole que je lui avais donnée. J'avais engagé ma parole certes, mais les autres en avaient décidé autrement. Qu'aurais-je pu faire de plus ?

Avant le grand vote, Denis Brogniart nous a demandés, à Gérard et à moi, de plaider notre cause devant le reste des aventuriers. La fatigue de la journée et l'épuisement en cette fin d'aventure se faisaient cruellement sentir. De plus, je ne suis pas quelqu'un qui aime faire de longs discours, surtout en public. Je me suis quand même prêté au jeu en relevant ce dernier défi. J'ai déclaré d'une voix basse et lente : « *Vous savez tous que je suis ici pour réaliser un retour aux sources. C'est vous qui déciderez selon vos valeurs et celles que vous avez trouvées en moi. Votez en votre âme et conscience. Quoi qu'il arrive, cette aventure ne restera que du bonheur.* »

J'avais vécu une aventure exceptionnelle. Gérard m'avait offert une place en finale à ses côtés et maintenant, pour moi, le jeu était fait !

Denis Brogniart a terminé par ces quelques mots : « *Voilà, vous avez donc tous voté. Il y a à l'intérieur de cette urne neuf votes. Mais pour savoir qui va l'emporter, qui sera l'ultime survivant de "Koh-Lanta", il va falloir patienter car je procéderai à ce dépouillement à Paris en direct. Et pour que personne ne puisse toucher à vos bulletins, je vais tout de suite, devant vous, sceller cette urne.* » Clap de fin.

Nous avons tout de même terminé cette soirée par une petite coupe de champagne. *Manuia !*

Retour à la civilisation

Pendant plusieurs jours ou semaines, nous avions vécu dans un monde « virtuel » coupé de la réalité, aux côtés d'autres aventuriers, comme nous, désireux de vivre l'aventure « Koh-Lanta » telle que nous la connaissions par la télévision. Après cette plus ou moins longue période passée à endosser le rôle de survivant, le retour à la réalité se révèle parfois difficile.

Dans l'avion du retour, nous n'avons plus les contraintes de toutes les règles du jeu. Le corps se relâche de la pression et accueille toute la fatigue accumulée. Le voyage semble plus long car l'excitation de l'avant-jeu a totalement disparu. Notre seule hâte : rentrer chez nous au plus vite et retrouver notre famille.

Lors de mon retour des Fidji, à mi-parcours, à l'aéroport de Singapour, en rallumant mon portable, la sonnerie s'est emballée, indiquant une multitude d'appels, de messages et de mails reçus. J'ai jeté un rapide coup d'œil et ai pu voir que les journalistes s'en étaient donné à cœur joie : « La nouvelle édition du jeu d'aventures de TF1 est actuellement en plein tournage aux îles Fidji : Teheiura, Sara, Jessica, Claude… feraient partie du voyage. » Cependant il y avait beaucoup de *fake news*, de fausses rumeurs. J'ai contacté Céline et l'ai rassurée sur mon état physique et psychique. Inutile de lui apprendre mon élimination :

elle le savait déjà. Très perspicace, elle l'avait bien compris puisqu'elle n'avait eu aucun contact avec la production pour sa participation à une éventuelle épreuve de confort. Mais ce qu'elle ne savait pas, c'est que j'avais été éliminé une première fois quelques jours seulement après le début de l'aventure et que j'avais réintégré le jeu suite à un abandon médical. J'ai passé cette information sous silence à ce moment-là.

À l'arrivée à l'aéroport de Paris-Charles de Gaulle, un taxi nous attendait, et pendant le trajet, j'ai regardé le paysage urbain (un peu nostalgique) en me disant : On est bien loin de l'environnement paradisiaque des îles fidjiennes. J'ai profité également de ce moment d'attente pour envoyer quelques petits messages à Céline. Lorsque je suis arrivé dans les locaux de TF1, comme à chaque retour d'aventure, un débriefing avait été organisé par des membres d'Adventure Line Productions. Pour plus de convivialité, un petit déjeuner continental nous attendait. En tant qu'anciens candidats, nous n'avons rien appris de plus que ce que nous savions déjà. Le débriefing visait essentiellement la communication et les relations presse. On nous a de nouveau mis en garde contre les réseaux sociaux. On nous a réexpliqué les procédures de mise en relation avec les journalistes pour les futures interviews. Il est bien évident que l'on ne peut pas faire n'importe quoi. En 2011, j'avais écouté très attentivement les instructions données mais je n'avais pas réellement conscience de l'impact qu'Internet pouvait avoir. Aussi, j'ai appris sur le tas et j'ai vite compris qu'il valait mieux éviter d'aller voir ce que les gens pensent de nous. La critique est si facile derrière son écran, et polémiquer avec les internautes ne sert pas à grand-chose. Avant de clôturer la réunion, ils nous ont rappelé qu'ils restaient joignables à tout moment en cas de problèmes particuliers ou d'autres besoins. La psychologue de l'équipe n'hésite d'ailleurs pas à nous appeler par la suite pour prendre des nouvelles et savoir si le retour à la vie normale se passe bien.

Vient le moment où nous devons nous séparer. Tout le monde vivant un peu partout dans les villes de l'Hexagone, nous sommes conduits dans les différentes gares de Paris. Pour les Parisiens, le retour est forcément plus rapide. Moi, j'ai rejoint la gare de Lyon avec Ahmad et Éric, mais j'étais le seul sudiste à prendre le train jusqu'à Béziers. J'attendais mon TGV, là, sur le quai. Un voyageur qui m'avait reconnu m'a demandé s'il pouvait prendre une photo avec moi. S'il avait su que je revenais tout juste d'une nouvelle saison de « Koh-Lanta » ! Soudain, mon téléphone a sonné. C'était Céline :

– Tu es arrivé à la gare ?

– Oui, j'attends mon train. Pour l'instant, il n'y a pas de retard !

– Et si je te disais que je suis derrière toi ?

Je me suis alors retourné et je l'ai vue, là, devant moi, toute souriante, toute contente de sa surprise, de ma surprise. Elle avait pris le train la veille pour me retrouver et faire le voyage retour avec moi comme elle l'avait déjà fait en 2011. Elle me surprendra toujours ! Cela faisait deux jours que je voyageais et avec le décalage horaire, j'étais exténué. En quelques secondes, elle m'a redonné un peu d'énergie. Nous sommes arrivés dans le sud de la France, six heures plus tard à cause d'un retard. Nos trois filles, Manavai, Mihivai et Vainanui, m'attendaient tout intimidées dans le hall de la gare, accompagnées par leur tonton. Grand moment de retrouvailles ! La petite dernière en a profité pour me rappeler à l'ordre : « *Papa, c'est terminé, tu ne repars plus jamais à "Koh-Lanta". C'était trop long !* »

Quand on a goûté à l'aventure « Koh-Lanta », le plus difficile, je pense, est de reprendre son train-train quotidien. Le monde « réel » peut devenir d'un ennui profond. Nous pouvons être sujets à la morosité aussi. Cependant, j'ai toujours réussi à passer ce cap sans difficulté, poussé par mes projets professionnels et d'autres défis à relever. Cela peut paraître bizarre, mais quelques jours à peine après mon retour en 2011, je m'étais dit : Plus jamais je ne repartirai à « Koh-Lanta » ! Je savais que la production organisait des *All Stars* en rappelant d'anciens aventuriers mais, pour moi, à ce moment-là, il était inconcevable de m'infliger à nouveau pareille aventure. Même avec un joli chèque, je ne repartirai pas ! Heureusement que je n'ai pas ajouté : j'en mets ma main à couper !

Quelques désagréments peuvent aussi survenir au niveau digestif. En 2011, j'étais allé jusqu'au bout des quarante et un jours d'aventure et je n'avais pas eu le temps de réhabituer mon corps à une alimentation normale que j'étais déjà assis dans l'avion du retour. J'ai essayé de faire attention en mangeant petit à petit des quantités raisonnables. Mais comment résister devant un placard, en libre-service, rempli de gourmandises ! Je me souviens qu'à chaque fois que je mangeais un peu trop, mon ventre se gonflait comme un ballon de football. Fort heureusement, tout est très vite rentré dans l'ordre.

Avec les autres candidats, nous vivons une aventure hors du commun. Nous tissons des liens forts, inimaginables, avec des personnes que nous n'aurions certainement jamais rencontrées autrement. On vit tant de choses ensemble qu'une fois que l'on rentre à la maison, on se sent seul, un peu comme s'il nous manquait quelque chose. Bien sûr, se retrouver chez soi avec sa famille apporte un bonheur immense mais le manque de l'aventure et des autres aventuriers ne nous quitte pas. Je ne sais pas comment l'expliquer, c'est un sentiment bien étrange…

Durant mes aventures, je me suis lié d'amitié avec certains candidats comme Benoît et Laurent en 2011 ou Claude en 2020. À peine arrivés à la maison, nous nous sommes envoyé de nombreux messages. Prenant en photos nos assiettes bien pleines (rien à voir avec ce que nous mangions sur l'île), parlant de tout et de rien et revenant bien souvent sur notre expérience. Et dès que nous nous sommes retrouvés en face, nous nous sommes refait ensemble tout le film de notre aventure.

Parler de « Koh-Lanta » avec ma femme n'a pas la même saveur qu'en discuter avec mes amis aventuriers. Pourtant, Céline est réellement la seule personne à qui je confie tout à propos de mon aventure. Elle me questionne, tente de comprendre, analyse le jeu, mais pour garder un peu de suspense, j'essaye toujours de lui cacher quelques petits détails bien croustillants. C'est plutôt marrant de la voir autant cogiter sur mon parcours. Mais elle ne peut pas tout comprendre puisqu'elle ne l'a pas vécu… là-bas !

Et la famille dans tout ça ?

Je ne pouvais pas parler de « Koh-Lanta » sans évoquer la famille ! Bien sûr, ils ne sont pas sur le terrain mais ils jouent un rôle significatif dans le jeu. Et je peux vous certifier que même si nous ne le voyons pas à la télévision, ils vivent de leur côté, à leur manière, une aventure bien spéciale et relativement éprouvante.

À partir du moment où nous signons notre contrat, nos proches se retrouvent, par extension, embarqués dans notre périple pour le meilleur et pour le pire. Dès que nous partons pour le jeu, le contact est rompu. L'éloignement sans communication possible reste le plus difficile, surtout quand il y a des enfants. Bien entendu, ils peuvent appeler un numéro d'urgence en cas de problème majeur de leur côté. Dans le cas inverse, s'il y a un événement important comme un abandon médical sur le jeu, la production les tient immédiatement informés.

Pour mon premier départ, Céline a dû se transformer en maman solo durant une quarantaine de jours. Cela a tellement bien fonctionné que nos chers voisins, ainsi que le personnel de la crèche qui s'occupait de Manavai, pensaient que notre mariage battait de l'aile. Ma femme a bien essayé de noyer le poisson en prétextant que j'avais dû rentrer en Polynésie pour régler un problème familial. C'était peine perdue, le divorce nous pendait au nez. Lors de mes trois autres participations, Céline a dû gérer au mieux mes réseaux sociaux, mes mails. Elle avait la mission de faire en sorte que mon absence passe inaperçue auprès des journalistes et de l'ensemble de mes relations. Par exemple, pour ma quatrième aventure, je venais à peine de m'envoler secrètement que les médias s'enflammaient en citant les noms des aventuriers en partance pour une nouvelle saison. Tout laissait penser que je participais à ce moment-là à l'émission (mon absence, les articles) mais Céline n'avait pas d'autre choix que de démentir sans avoir beaucoup d'arguments pour le faire : « *Non, non ce n'est pas vrai !* ». Confidentialité oblige ! Toute la famille est concernée par le contrat même si je l'ai signé seul.

Tout comme moi pendant les phases de casting, Céline avait réglé la sonnerie du générique de l'émission pour les appels inconnus afin d'éviter que son cœur ne s'emballe pour n'importe quel appel. Pragmatique, elle a suivi chacun de mes « Koh-Lanta », jour après jour, en notant tout sur un calendrier. Elle calculait approximativement la date de la réunification en se référant aux saisons précédentes ainsi qu'au nombre de jours stipulé sur mon contrat. Elle exploitait judicieusement les quelques appels de la production. Cela lui permettait d'imaginer où j'en étais, mais par déductions et hypothèses seulement car les assistants se limitent toujours à une courte phrase : « *Bonjour Céline, ne vous inquiétez pas. Teheiura va très bien.* » Les proches ne doivent rien savoir sur l'avancement du jeu au moment où il se déroule, c'est la règle. Alors oui, je pouvais être en bonne forme dans l'aventure mais je pouvais tout aussi bien être éliminé depuis plusieurs jours et me reposer tranquillement dans la résidence du jury final, les doigts de pieds en éventail et sirotant un bon jus de fruits frais exotique à l'ombre des cocotiers.

Avant la réunification, la famille est sollicitée pour préparer une future récompense comme des courriers, une boîte cadeau ou se rendre disponible pour un éventuel appel téléphonique. Les proches doivent, dans ce dernier cas, se tenir à portée de leur téléphone sur un créneau horaire bien défini, ce qui, avec le décalage, n'est pas évident à gérer. En 2011, l'appel était annoncé était entre 6 et 9 heures du matin dans l'éventualité où mon équipe gagnerait l'épreuve. Les heures s'étaient écoulées sans coup de fil et Céline n'avait pas eu d'autres choix que de déposer Manavai à la crèche avant de se rendre à son travail. Bien évidemment, quelques minutes à peine avant la fin du temps imparti, son téléphone avait sonné. Malheureusement, Manavai n'était plus à ses côtés et, vous le savez déjà, ne pas pouvoir lui parler m'avait bouleversé !

Peu avant la fin de l'aventure, la récompense d'une épreuve de confort peut être soit une vidéoconférence soit la venue de notre invité surprise. Dans ce dernier cas, les proches doivent s'organiser en quelques jours pour nous rejoindre sur le tournage de « Koh-Lanta » (enfants, travail, passeport à jour). En 2011, Céline a parcouru des milliers de kilomètres pour me rejoindre en Indonésie. Mais même si je n'ai pas gagné l'épreuve des flèches, sa présence m'a apporté l'énergie nécessaire pour aller jusqu'au bout. Cependant, attention, rien ne dit qu'au bout de ce long périple, la rencontre se fera entre invité surprise et aventurier car, pendant le voyage, il peut y avoir eu un conseil ou même deux. C'est injuste mais ce sont les règles ! Céline en a fait les frais en 2014. À son arrivée en Malaisie, elle a pris l'annonce de mon élimination comme un coup de massue sur la tête. Le voyage avait été long, éprouvant, très stressant, et elle avait finalement dû repartir le lendemain sans même m'avoir vu. Je vous laisse imaginer l'état de déception, mêlé à la fatigue et au stress ! Le pire, c'est que j'ai appris que son hôtel se trouvait à seulement 2 km de la résidence du jury final cette fois-là. Si je l'avais su, j'aurais peut-être déserté.

Et les enfants ? Je me considère comme un vrai papa-poule comme on dit. Mes filles représentent tout pour moi ! Quand je suis parti pour ma première aventure, Manavai avait à peine deux ans. Elle ne s'exprimait pas encore très bien mais la séparation a été aussi difficile pour elle que pour moi. Avant de s'endormir, elle avait comme rituel d'embrasser une photo de moi, accrochée au mur à côté de son lit ! Aujourd'hui, âgée de dix ans, elle regarde avec la plus grande attention chaque saison de « Koh-Lanta » à mes côtés. Elle sait combien cette émission compte pour moi. Pour elle, désormais, lorsque je pars à l'aventure, c'est comme si je partais au travail !

En mai 2019, mon absence a été plus compliquée pour Mihivai, sept ans, et surtout Vainanui, quatre ans. Céline m'a raconté que ma petite dernière n'arrêtait pas de la questionner : « *Mais qu'est-ce qu'il fabrique papa à "Koh-Lanta" ? C'est long !* » « *C'est quand que le monsieur, il va lui rendre le téléphone à Papa ?* ». À mon retour, Vainanui m'a bien fait savoir qu'il ne fallait plus que je reparte.

Quand vient le temps de la diffusion, inutile de dire qu'il vaut mieux éviter de me déranger le vendredi soir. Ma petite famille est d'ailleurs à mes côtés pour découvrir enfin avec enthousiasme ou consternation les images de mes aventures. Ce qui m'étonne le plus, ce sont les réactions de mes filles qui ne savent rien du déroulement du jeu. En 2020 par exemple, alors que de nombreux téléspectateurs m'ont confié que leurs enfants avaient versé quelques larmes suite à mon élimination à l'épisode 3, les miennes sont restées quasi impassibles devant la télévision : zéro réaction ! En regardant le conseil, Mihivai, à moitié éveillée, m'a alors dit : « *Papa, ils savent même pas écrire ton prénom* » avant d'ajouter sur un ton tranquille, avec un petit sourire : « *On dirait que c'est toi qui vas partir... ah ben oui, c'est toi qui pars !* » Quant à Manavai, elle dormait à poings fermés à ce moment-là. Enfin, quelques épisodes plus tard, Mihivai persuadée que je ne pourrais pas quitter le jeu définitivement : « *Papa, tu ne peux pas être éliminé puisque tu as un collier d'immunité.* » Inutile de vous raconter la suite... vous la connaissez déjà ! Finalement, je pense qu'elle a été aussi surprise que les téléspectateurs (et que moi, par la même occasion).

La famille a toujours tenu une place très importante à mes yeux. Participer à « Koh-Lanta » m'a conforté dans l'idée qu'elle représente mon bien le plus précieux. Je pense qu'un candidat qui partirait sans l'aval de son mari, la complicité de sa femme, de ses enfants ou bien de ses parents n'irait pas bien loin. Ou du moins, il ne vivrait pas pleinement son aventure. Pour ma part, j'ai eu la grande chance d'être épaulé, soutenu et toujours encouragé, à chacune de mes aventures. Et aujourd'hui, si j'en suis là, c'est tout particulièrement grâce à eux !

Première édition spéciale, la Revanche des héros

Alors que la diffusion de mon premier « Koh-Lanta » n'avait pas encore eu lieu (l'émission était programmée de septembre à décembre 2011), j'ai reçu au mois de juin un e-mail de la production. Ils souhaitaient organiser une nouvelle édition spéciale du jeu. Pour y participer, il fallait juste que j'envoie une lettre de motivation expliquant ce que j'attendais de cette nouvelle aventure.

Participer de nouveau à une aventure « Koh-Lanta » était au sommet de mes désirs, alors quand j'ai reçu cet e-mail (comme tous les anciens candidats), je n'ai pas caché ma joie. Cependant les dates de tournage prévues en octobre et novembre 2011 coïncidaient avec la diffusion de mon premier « Koh-Lanta » et je trouvais que c'était trop tôt pour recommencer. Je n'ai donc répondu volontairement qu'une dizaine de jours plus tard en mentionnant n'être pas intéressé, en tout cas pas pour cette saison-là.

C'est Matt Mather en personne, le producteur artistique d'ALP de l'époque, qui m'a directement contacté pour connaître les raisons de mon refus. Finalement, il m'a appris que les dates de tournage avaient été repoussées et m'a donc convaincu sans difficultés. J'avais eu la chance immense de participer à un premier « Koh-Lanta » alors je ne pouvais pas laisser filer cette deuxième opportunité. L'appel de l'aventure était trop fort.

Alors que la diffusion de l'aventure à Raja Ampat battait son plein, je repassais les différents tests médicaux et une nouvelle équipe de journalistes et cameramen réalisait mon portrait dans la plus grande discrétion. J'allais donc participer à la Revanche des héros.

Avant de partir en janvier 2012, je n'ai vraiment pas eu le temps de me préparer car tout était allé très vite à partir de la finale qui avait eu lieu un mois avant. Je n'avais pas repris le sport et j'avais même quelques kilos en trop à cause des fêtes de fin d'année. Mentalement, je me sentais encore euphorique mais je ressentais aussi une pression supplémentaire. Je partais avec la boule au ventre et la peur de l'échec. Pas pour moi, mais pour toutes les personnes qui croyaient en moi et qui voulaient que je gagne. J'avais la mission de ne pas les décevoir mais le jeu risquait certainement d'être plus complexe. J'allais me retrouver face à des concurrents redoutables qui n'avaient qu'une seule envie : prendre leur revanche. Parmi les anciens candidats que j'avais pu suivre à la télévision, un homme sortait du lot : Claude. J'admirais ses capacités physiques et n'avais qu'une hâte, me mesurer à lui. J'étais persuadé qu'il ferait partie de cette nouvelle édition car, tout comme moi, il avait échoué devant le jury final.

Cette nouvelle aventure s'est étalée sur une période de vingt-trois jours seulement alors que mon premier « Koh-Lanta » en avait duré quarante-deux. Mais en si peu de temps, on se démène autant. Au niveau de l'intensité du jeu, nous avons été servis ! Le casting réunissait seize aventuriers (à nous tous, nous totalisions trente-trois victoires aux jeux de confort et d'immunité individuels) : Claude, Wafa, Freddy, Patricia, Bertrand, Isabelle, Guénaëlle, Nicolas, Patrick, Coumba, Marine, Fabienne, Francis, Moussa, Maud et moi.

Cette saison a été plus dure que ma première pour ce qui est des conditions de survie. Nous n'avions ni feu, ni riz à gagner et les affrontements dans les épreuves ressemblaient à des combats de titans. De plus, certains n'ont pas hésité à user de stratagèmes pour tenter de s'emparer du titre tant convoité « d'ultime survivant ».

Dès le départ, les aventuriers ne cessaient de parler de stratégies et les alliances éclataient à tout bout de champ. Je ne me sentais pas du tout à ma place dans cette saison. Je me suis demandé maintes fois : Mais qu'est-ce que tu fais là, au milieu de ce panier de crabes ? Au troisième jour, j'ai regretté d'avoir accepté d'être reparti aussi tôt. Alors, pour essayer de relativiser et passer une belle aventure, j'ai préféré rester à l'écart des tensions, des disputes et de l'agitation. Je me suis concentré uniquement sur l'essentiel, gagner les épreuves tout en restant le plus positif possible. Chez nous, en Polynésie, on dit souvent « *cool* la vie ! » Je vis avec ça en tête depuis tout petit, alors j'ai essayé de l'appliquer dans ce *All Stars*. Rester le plus calme possible était ma devise !

Finalement, je n'ai pas pris ma revanche. Au dix-neuvième jour de l'aventure, j'ai été éliminé sans ménagement par ma propre équipe, celle des ex-rouges, alors même que je faisais partie de l'alliance majoritaire. Grosse surprise pour moi ! Je ne m'y attendais vraiment pas. D'après ce que j'ai compris, ils m'avaient tous jugé « trop fort » pour continuer l'aventure avec eux. Malgré tout, j'ai vécu de bons moments, agrémentés de belles rencontres avec la population locale.

Deuxième édition spéciale, la Nouvelle édition

Lors du tournage de la saison 13, en mars 2013, des drames ont bouleversé tout le monde : le décès tragique d'un concurrent succombant à une pathologie cardiaque puis le suicide du médecin urgentiste affecté au suivi des candidats.

Lorsque j'ai appris la nouvelle, je n'y ai pas cru. Pour moi, ce n'était pas possible. De plus, je ne comprenais absolument pas pourquoi il y avait autant de polémiques douteuses autour de l'émission. Personnellement, jamais je ne me suis senti en danger et si je l'avais ressenti, en aucun cas je n'aurais signé pour repartir une deuxième, une troisième et même une quatrième fois.

L'émission a donc été brutalement stoppée suite à ces terribles événements. Pour la relancer, TF1 a décidé de rappeler d'anciens candidats marquants pour une nouvelle édition *All Stars* en 2014. Pourquoi ai-je accepté de repartir ? L'appel de l'aventure, une nouvelle fois. C'est une expérience de vie à laquelle je ne résisterai jamais. Comme je le dis souvent, Denis Brogniart n'arrivera pas à éteindre le flambeau que je garde au plus profond de moi.

J'ai dû à nouveau passer les étapes de sélection : un casting filmé à Paris et toute la batterie de tests médicaux à l'Insep (Institut national du sport, de l'expertise et de la performance) à Paris. Cette année-là, alors que je pensais le dispositif médical habituel complet, j'ai découvert qu'il avait été plus que renforcé. La production l'avait hissé au niveau des contrôles médicaux destinés aux sportifs professionnels. Au programme : électrocardiogramme, test d'effort maximal, mesure de la respiration et même un parcours d'obstacles. D'autres contrôles supplémentaires avaient été exigés comme l'échographie cardiaque.

Cette nouvelle édition *All Stars* a réuni treize candidats : six femmes et sept hommes. Le tournage s'est effectué au mois de mai 2014, sur l'île de Sibu en Malaisie, pour vingt-quatre jours de survie. Au casting : Christina, Florence, Freddy, Isabelle, Laurence, Laurent, Martin, Moundir, Phil, Philippe, Sandra, Sara et moi.

Quand je suis parti, j'avais la même pression qu'en 2012 sur les épaules. Quelques jours avant mon départ, j'avais participé à un entraînement de volley-ball et je m'étais blessé (sans gravité heureusement) et mon esprit se focalisait uniquement sur cette perspective. Mon précédent *All Stars* n'avait pas été prestigieux et je gardais un goût amer de toutes les alliances et trahisons mises en place. Même si cela reste un jeu, je ne souhaitais qu'une seule chose : retrouver l'aventure avec un grand A, comme je l'avais vécue lors de mon premier « Koh-Lanta », avec des défis sportifs, des conditions de survie difficiles à surmonter, une nature sauvage à exploiter…

Dès mon départ, j'ai senti que cette édition spéciale allait encore me surprendre. À Paris, un membre de la production m'a remis un itinéraire bien précis. J'ai alors entrepris le voyage seul. Arrivé à l'aéroport de Singapour, j'ai aperçu mon nom sur une pancarte au loin. En m'approchant, quelle surprise ! La personne qui la tenait n'était autre que Freddy. Je me souviens alors lui avoir lancé d'un ton amusé :

– Tu n'en as pas marre de faire « Koh-Lanta » ?

– Non, mais je travaille pour la production ALP maintenant.

– Bien sûr… je vais te croire !

Nous avons poursuivi notre voyage ensemble, dans une voiture, jusqu'à notre hôtel en Malaisie. On se regardait, interrogatifs, ne comprenant pas la situation. Pourtant nous savions très bien que la production pouvait mettre en place des organisations mystérieuses, nous les avions déjà expérimentées ! Mais cette fois-ci, nous ne comprenions pas où ils voulaient en venir. D'autant plus que nous avions toujours nos affaires personnelles. J'ai pu prendre le temps de rassurer Céline sur mon arrivée à destination. Je lui ai même indiqué où je me trouvais exactement grâce à mon téléphone, que j'avais toujours en ma possession (là encore, c'était inédit).

La soirée s'est déroulée tranquillement : avant de rejoindre nos chambres respectives, nous avons dîné avec la psychologue. Ce n'est que le lendemain matin que l'équipe a récupéré tous nos effets personnels et que nous avons assisté au traditionnel débriefing avec Julien Magne, le directeur d'ALP, et le médecin.

L'aventure a commencé pour nous deux dans un camion de fortune. On se posait mille questions : «*Qu'est-ce que la production nous a encore concocté ?*» «*Et pourquoi ne sommes-nous que deux ?*» «*Où sont les autres aventuriers ?*» Mais aucun de nous deux n'avait de réponses. Une fois sortis du camion, nous avons vite compris qu'il allait falloir traverser la jungle malaisienne puisqu'il n'y avait que ça autour de nous. Un long périple nous attendait (vous vous souvenez, je vous l'ai déjà raconté aux pages 101-102).

Deux jours après, nous avons rejoint les autres candidats. Denis Brogniart nous a présentés comme les capitaines des deux équipes que nous devions chacun constituer. Sur le coup, je ne me suis pas vraiment posé de questions. C'est bien plus tard que je me suis dit que j'aurais préféré commencer le jeu en même temps que les autres et ainsi, ne pas avoir été mis à l'écart dès le départ. Nous n'avions participé ni aux premières épreuves ni au premier conseil et, en deux jours, je peux vous assurer qu'il se passe des choses, notamment la mise en place de stratégies et d'alliances.

Après dix-neuf jours de survie dans des conditions exécrables à cause de la météo, d'alliances et de stratégies multiples, de compétitions féroces, j'ai été éliminé à l'unanimité (exactement au même jour qu'en 2012). Mais il y avait encore quelque chose de flou pour moi ! Quand Denis Brogniart a éteint mon flambeau, il m'a donné un vote noir à l'abri du regard des autres. Je me suis dit : Qu'est-ce que c'est que ce truc ? Ils ne sont plus que quatre en face et s'il y a un vote noir, ça veut dire qu'il y a un conseil en plus ! Et s'il y a un conseil en plus, il y aura un candidat en moins. Ils ne peuvent pas aller à l'épreuve d'orientation à trois ? Beaucoup de questions sans réponses à cet instant me trituraient l'esprit...

Le lendemain matin, alors que je me préparais pour aller à la résidence du jury final, Denis Brogniart est venu me chercher. Je me suis retrouvé face à Martin, éliminé juste avant moi sur une épreuve de mort subite. J'ai compris dès lors qu'un duel aurait lieu et que l'un d'entre nous réintégrerait l'aventure. L'épreuve de la seconde chance fait appel au mental, je l'aime bien en temps normal mais, à ce moment-là, mon esprit s'était complètement déconnecté du jeu. Je n'avais pas la même détermination que Martin. Sorti soudainement, il avait une telle hargne et rage de vaincre qu'il ne pouvait que gagner. C'est lui qui a réintégré l'aventure.

Troisième édition spéciale, l'Île des héros

Mi-février 2019 : alors que je m'apprêtais à m'envoler vers le Canada pour le festival culinaire « Montréal en lumières », Stéphanie Clémente, la directrice de la communication de « Koh-Lanta », m'a contacté :

– Allô, *'ia ora na* Teheiura, comment vas-tu ?

– *'Ia ora na* Stéphanie, je vais très bien, merci.

– Je t'appelle pour savoir si tu serais intéressé pour repartir pour une éventuelle saison de « Koh-Lanta » ?

– Attends, je réfléchis…, lui ai-je répondu en étant le plus sérieux possible, jusqu'à ce que mon rire démasque ma supercherie. Surprise, elle a fait de même et nous avons ensuite pu reprendre le fil de la conversation :

– Bien sûr que oui, tu sais bien que je ne pourrai jamais refuser.

Bien qu'euphorique, j'ai été étonné de cet appel car habituellement tous les anciens reçoivent un e-mail annonçant la préparation d'un *All Stars* (édition spéciale).

On ne m'avait donné aucune date précise de tournage. Je me disais que cette saison se ferait certainement à l'automne puisqu'un casting pour une édition normale était en cours. Ça tombait bien puisque j'allais entamer la saison estivale avec le Manatoa, mon *food truck* depuis 2015.

Finalement, mon intuition n'a pas fonctionné ! Dès mon retour du Canada, tout s'est accéléré. Le lundi 4 mars, j'ai passé rapidement un entretien par vidéoconférence avec Julien Magne. Cinq ans s'étaient écoulés depuis mon dernier « Koh-Lanta ». Il voulait surtout savoir si j'avais retrouvé une bonne condition physique (en janvier 2018, je m'étais rompu le talon d'Achille), si j'étais toujours aussi motivé qu'avant et si j'avais appris de mes erreurs passées. (Là, par contre, s'ils espéraient que je sois devenu plus stratège au fil des ans, ça risquait d'être difficile ! Je ne changerai pas ! J'essayerai seulement de mieux surveiller mes arrières).

Puis j'ai enchaîné, comme à chaque fois, les tests médicaux et sportifs sur Paris, la préparation du sac aventure ainsi que le tournage de mon portrait chez moi. Je me suis dit que l'heure du départ ne manquerait pas d'être programmée plus tôt que je ne le pensais. Bonne pioche ! Le tournage était prévu de fin avril à début juin 2019. Quel dilemme pour moi, ces dates ! J'avais pris des engagements professionnels. Je devais notamment partir en Polynésie, en tant que parrain pour l'action éducative menée par « Bilou le Casse-Cou et la prévention des risques domestiques ». Raccourcir mon voyage dans le Pacifique s'est avéré compliqué. Je pensais aussi à ma famille à Tahiti qui se faisait une joie de me revoir et surtout à mes trois filles qui n'auraient pas de mes nouvelles pendant plusieurs semaines. J'ai dû trancher, faire des choix et annuler mon séjour au *fenua*. Je peux vous dire que je me sentais très mal à l'aise de leur faire faux bond seulement quelques jours avant. De plus, je n'avais aucune excuse solide à leur donner car, comme à l'accoutumée, ma participation devait rester secrète !

J'avais aussi d'autres événements à assurer avec le Manatoa, dont la « Vendée Va'a », la plus grande course internationale de pirogues polynésiennes, au départ des Sables d'Olonne en France. J'ai confié les clés de mon *food truck* à mon beau-frère Nelson qui travaille à mes côtés depuis plusieurs années déjà. Nelson, Liana (sa femme et ma sœur), Céline et Fanautahi (cuisinier et ami) ont pris la responsabilité de gérer l'entreprise en mon absence, avec toute ma confiance.

Lors de mes deuxième et troisième participations, à chaque départ je me demandais si j'allais être à la hauteur. J'en oubliais presque le plus important : partir pour mon propre plaisir. Pour cette édition, je suis parti pour moi-même et plus sereinement, même si j'appréhendais toujours un peu. Qu'importe la finalité, ce que je désirais avant tout, c'était de profiter au maximum de cette saison de « Koh-Lanta ».

Il faut le dire, je me doutais que ce *All Stars* serait différent des autres et j'avais bien raison. Quand Denis nous a annoncé dès le début de l'aventure que nous, anciens, serions intégrés à une équipe de nouveaux aventuriers, l'idée m'a bien plu et je me suis dit que cela apporterait certainement du pep's à l'émission ! J'avais vu d'ailleurs auparavant quelques images de la version américaine : « *Survivor fans* vs *favorites* ». Alors, j'imaginais la tête des nouveaux lorsque nous ferions notre grande apparition. Cependant, je ne me doutais pas une seule seconde que la production pousserait ce concept à l'extrême. Maintenant, avec le recul, j'aurais préféré une version « anciens contre nouveaux » car stratégiquement ce n'était pas très avantageux pour nous d'arriver en solo dans une équipe déjà composée quelques jours avant.

Je suis parti le samedi 27 avril en train, direction Paris. J'ai passé toute la semaine à attendre les informations concernant mon voyage (la date et les horaires), ce qui a eu le don d'agacer et d'angoisser ma femme. J'ai su par la suite que les candidats étaient partis progressivement depuis déjà plusieurs jours. J'avais encore un itinéraire très précis à suivre : une fois arrivé à la gare de Paris CDG, je devais me rendre dans un hôtel et y rester tout l'après-midi. Cette fois-ci, tous mes effets personnels, dont mon téléphone, avaient été pris par la production dès mon arrivée. J'ai juste eu le temps d'envoyer un dernier petit message à ma famille.

La suite allait être très longue : au total trois jours de voyage. Pour éviter de croiser d'autres candidats, j'ai fait le chemin à nouveau seul et mon itinéraire a été légèrement modifié. Après un passage éclair à Londres, j'ai atterri à Singapour puis à Auckland et enfin à Nadi, sur l'île principale des Fidji. Ensuite, il a fallu compter encore une heure et demie d'avion pour rejoindre l'archipel de Kadavu puis une heure et demie supplémentaire en bateau pour enfin arriver à destination, dans un hôtel d'attente avant l'aventure. J'y suis resté deux nuits, seul dans mon bungalow, tout comme mes autres coéquipiers. Les quatorze petits nouveaux quant à eux, arrivés en amont, avaient commencé l'aventure un jour avant nous. Mais ça, on ne le savait pas encore et eux-mêmes ignoraient qu'un coup de théâtre se préparait non loin de leurs campements.

Le jeu a démarré pour nous cinq tranquillement, chacun dans son petit bateau à moteur. À ce moment-là, je me posais des tas de questions et surtout celle de savoir comment j'allais intégrer le jeu.

À tour de rôle, nous avons été conduits directement sur une île où nous attendait Denis Brogniart. Nous sommes arrivés les uns après les autres, et nous nous sommes découverts au fur et à mesure : Claude, Sara, Moussa, moi et enfin, Jessica. Je me souviens d'un accueil détendu, comme pour une bande de « Kohpains » qui se retrouvent. J'étais plutôt content de revoir Claude car, bien qu'il ait participé à mon élimination en 2012, il reste mon plus grand rival sur les épreuves individuelles. Comme on dit, de l'eau avait coulé sous les ponts depuis et ce jour-là, nous partions sur un nouveau défi.

Après l'arrivée de Jessica, nous nous attendions à voir encore défiler d'autres anciens mais non, pas du tout. Denis Brogniart nous a alors dit : « *À vous cinq, vous comptabilisez 29 victoires et plus de 250 jours de survie. Vous êtes des légendes de "Koh-Lanta", les cinq héros de l'aventure… et vous êtes au complet !* » S'il y avait eu des mouches autour de nous, on aurait pu les entendre voler. Dans un grand silence, nous étions interloqués. Puis il a continué en maintenant un certain suspense comme il sait si bien le faire : « *… et dans quelques jours vous ne serez plus que quatre… car l'un d'entre vous sera éliminé… avant même d'intégrer l'aventure.* » Nous nous sommes tous regardés, dans l'incompréhension la plus totale. Choqués, nous nous posions des tas de questions : « *C'est quoi cette histoire ?* » « *On va directement à l'épreuve d'orientation ?* » « *Où sont les autres candidats ?* » « *On va faire un "Koh-Lanta" à quatre ?* » « *Non, ce n'est pas possible, il doit y avoir d'autres équipes de cinq ailleurs.* »

Complètement désarçonnés par ces nouvelles conditions de jeu, nous avons par la suite crapahuté vers notre campement en traversant toute l'île par les terres, cela pendant au moins trois ou quatre heures. Sur place, notre expérience en tant qu'anciens aventuriers nous a permis de mettre en place très rapidement notre campement (eau, cabane, nourriture). Mais étant donné notre arrivée tardive, ce n'est que le lendemain que nous avons fait le feu. Nous étions vraiment contents de nous retrouver et je dirais que l'ambiance était plutôt bonne, bien que nous gardions à l'esprit l'annonce de Denis Brogniart : « *Vous n'êtes pas coéquipiers mais adversaires !* »

Le lendemain, nous devions nous affronter tous les cinq sur un parcours d'obstacles suivi d'un labyrinthe à l'aveugle. Les deux premiers arrivés étaient assurés de continuer l'aventure et auraient un avantage certain grâce à la remise d'une amulette les protégeant au premier conseil. J'ai remporté l'épreuve, suivi par Moussa, et j'étais très soulagé de savoir que je ne serais pas le premier héros éliminé (et pourtant… six jours après…).

De leur côté, les nouveaux aventuriers séparés en deux tribus (les rouges et les jaunes) s'opposaient lors d'une deuxième épreuve de confort. Les rouges ont remporté la victoire et le gain avec le kit de pêche. Mais ce n'était pas tout. C'est à ce moment précis que nous avons fait notre grande entrée ! Denis Brogniart nous a présentés comme « les cinq héros de l'aventure » et a indiqué que deux d'entre nous intégreraient chacune des équipes. Comme la tribu rouge était ressortie victorieuse de l'épreuve de confort, elle a eu le privilège de choisir son premier héros entre Moussa ou moi. C'est de cette façon que j'ai atterri chez les rouges.

Avant de partir pour le tournage de mon quatrième « Koh-Lanta », je m'étais dit que là, vraiment, ce serait certainement ma dernière aventure et qu'il fallait que j'en profite au maximum. C'est donc tout naturellement qu'en tant qu'« ancien », j'ai voulu transmettre tout mon savoir-faire à l'équipe des rouges et que je me suis donné à fond sur les épreuves. Et à en voir les images lors de la diffusion, ils avaient l'air plutôt ravis de ma présence, notamment lorsque je leur ramenais du poisson, du crabe, du manioc, du *māpē* (châtaigne polynésienne)... Mais à la stupéfaction de beaucoup, j'ai été éliminé sans ménagement au bout du neuvième jour de l'aventure. Je savais très bien qu'une arrivée tardive dans une équipe déjà soudée ne jouait pas en ma faveur mais franchement, la surprise fut totale (même la production n'en revenait pas). J'en rigole aujourd'hui mais sur le coup, je peux vous dire que je n'avais absolument pas envie de rire ! Je ne comprenais pas. Je me demandais en quoi éliminer un maillon fort dès le début du jeu les aiderait pour la suite. Drôle de stratégie, finement orchestrée par Ahmad, leader auto-proclamé des rouges qui avait déjà tout planifié, jusqu'à la réunification et même après. Son plan était d'éliminer les héros afin de garder son équipe de cinq intacte puis de se rallier, après la réunification, à deux autres candidats jaunes avec qui il avait sympathisé lors du naufrage. En théorie, ça aurait pu fonctionner, mais à « Koh-Lanta » la théorie ne tient pas vraiment ! J'ai pourtant essayé à maintes reprises de lui faire comprendre que cela ne marcherait pas... mais en vain ! Il a préféré m'évincer du jeu.

Claude, qui venait d'intégrer notre tribu (nous avions gagné l'épreuve de confort et avions pu le choisir), était naturellement immunisé, avec une amulette, lors du conseil. Il a donc assisté à mon éviction, complètement dépité, très ému. Il devait se dire aussi qu'il serait certainement le suivant sur la liste. Je le revois encore, prononçant ces quelques phrases pour moi : « *Je suis super déçu. Teheiura, c'est l'aventurier type, il a eu quatre opportunités et il aurait dû gagner ce "Koh-Lanta"... C'est tellement quelqu'un de gentil. Là, ça me fait mal !* » Certes, nous sommes dans un jeu, mais ces paroles m'ont profondément touché et marqué.

C'est le jeu, me direz-vous. Et j'ai accepté mon sort, car c'était le jeu. Je me suis alors préparé à rentrer en France, mais le destin m'a encore fait un clin d'œil. L'abandon médical de Sara m'a permis de réintégrer le jeu dans l'équipe adverse : l'équipe des jaunes. J'y ai fait la connaissance d'un jeune aventurier aguerri, Sam, qui malgré son jeune âge (dix-neuf ans) m'a bluffé par ses capacités en survie et ses compétences dans les épreuves. Il m'avait confié qu'il s'était préparé pour « Koh-Lanta » pendant deux-trois ans et avait même fabriqué un arc en bois pour s'entraîner au tir à l'arc. Bien que j'aie remporté l'épreuve liée à cette discipline, ses prouesses en tir ont été spectaculaires ce jour-là. Malgré son élimination, je reste persuadé que ce grand « amoureux » des îles du Pacifique, notamment de la Polynésie, aura l'occasion de revenir pour une édition spéciale.

Je poursuivais donc mon petit parcours quand les malices des règles du jeu s'en sont mêlées. À un moment, l'aventure avait été mise entre parenthèses le temps de deux épreuves disputées en binôme. Je partageais mon binôme avec Charlotte (ancienne rouge) et, comme je vous l'ai déjà expliqué, c'est son prénom dans l'urne qui a causé ma perte. La fin d'un rêve pour deux candidats aux destins liés. Mais je reste persuadé aujourd'hui que les autres aventuriers ont profité de l'occasion pour m'évincer en se cachant derrière le vote contre Charlotte.

Ce *All Stars* a été riche en rebondissements, mais en ce qui me concerne, ce qui a apporté un peu plus de piquant à l'aventure, c'est indéniablement mon challenge avec Claude. C'était à celui qui gagnerait le plus de victoires individuelles. En trois « Koh-Lanta », j'avais comptabilisé onze victoires et lui en avait remporté autant en deux saisons. Lors de ce *All Stars*, j'ai repris la tête avec une première victoire puis, nous nous sommes disputés à tour de rôle les palmes et les lauriers. Hélas, après ma sortie, Claude avait un boulevard tout tracé devant lui, lui offrant la possibilité d'égaliser avec moi ou bien de me passer devant en nombre de victoires individuelles. Qui sait, peut-être qu'un jour nous aurons l'occasion d'une autre confrontation !

L'avant-première

Quelques semaines avant la diffusion télévisée, tous les aventuriers ont le privilège d'être invités à la tour TF1 à Paris pour l'avant-première du premier épisode de la saison. J'ai toujours été très excité à l'idée de découvrir les premières images de mes aventures et je me demande à chaque fois comment ALP arrive à condenser autant de prises (un épisode équivaut à deux ou trois jours d'aventure). J'imagine que des professionnels doivent passer des heures et même des journées entières, les yeux rivés sur leur banc de montage à sélectionner les meilleures prises pour garder l'essentiel en s'assurant que le tout soit le plus cohérent possible ! Cela implique nécessairement de nombreuses coupes au montage afin de rendre le programme dynamique. La seule chose que je sais, c'est qu'un premier tri s'effectue à chaque fin de journée sur le lieu même du tournage.

Lors de cette soirée, nous nous retrouvons, aventuriers et membres de la production, pour quelques heures de festivités qui démarrent à l'auditorium de TF1. Comme au cinéma, nous prenons place et attendons patiemment que le « film » démarre (il manque juste le pop-corn). Au son du générique, nous nous emballons comme des gosses. Entre chahut et détente absolue, nous commentons l'épisode de mille et une façons : ricanements, taquineries, sifflements, louanges, tout y passe jusqu'aux applaudissements marquant la fin du spectacle !

En 2011, très excité à l'idée de voir la réalisation finale, je me demandais comment j'allais me percevoir. Alors, verdict ? Eh bien, je n'aime pas trop ma voix... Plus sérieusement, j'ai regardé d'un œil critique chacune de mes prestations sur les épreuves et la survie sur le campement. Je me suis surpris parfois en m'entendant dire des choses dont je ne me souvenais plus, certainement sous le coup du stress et de la tension du moment. L'excitation de me voir à l'écran était tellement forte que je revivais chaque moment passé dans l'aventure comme si j'y étais encore. Les sensations fortes dans l'aventure « Koh-Lanta » n'arrêtent pas de faire irruption : avant, pendant et après !

Après la projection, on nous offre un dîner gastronomique (*exit* noix de coco et manioc) en haut de la tour avec une belle vue sur Paris en lumière. En 2011, on a profité de l'occasion pour demander des dédicaces à Denis Brogniart pour les amis et pour nous-même.

La diffusion

Avant que le premier épisode ne soit dévoilé à des millions de téléspectateurs (sacrée pression), ALP envoie aux nombreux médias quelques informations sur la nouvelle saison. Et c'est parti pour la valse des scoops à tout-va ! Durant la diffusion, nous sommes souvent sollicités par les journalistes pour des interviews. Heureusement que Stéphanie Clémente s'occupe de tout. Elle nous met directement en relation avec les différents médias qui souhaitent recueillir nos impressions. Tout est si bien encadré que le risque de tomber sur un journaliste malhonnête est très faible ! Avec ma nature assez réservée, j'ai répondu aux interviews avec plus ou moins de difficulté lors de la première saison. Au fil des émissions, j'ai enchaîné de nombreuses interviews et ai dû faire attention aux mots ou aux phrases prononcés. Tout peut être interprété, déformé et détourné. Comme dit l'expression, il vaut mieux tourner sept fois sa langue dans sa bouche avant de parler afin de ne pas *spoiler* la suite de l'aventure, ni révéler des éléments de l'intrigue. Cet exercice m'a beaucoup appris sur ma façon de m'exprimer.

« Koh-Lanta », saison 11

La semaine avant la grande diffusion, nos portraits vidéos étaient postés chaque jour, petit à petit, sur le site de TF1 et j'attendais avec impatience de voir le mien.

Quand je me suis vu, faisant le *haka* au beau milieu d'un champ, à côté des vaches, je me suis dit : Oh la la ! Les gens vont me prendre pour un sauvage ! Et ça n'a pas loupé, les premières réactions n'ont pas été très flatteuses. Sans même me connaître, les internautes me jugeaient sur quelques secondes de vidéo ! Ça promettait pour la suite ! J'ai préféré mettre ça de côté, comme nous l'avait conseillé Stéphanie lors de notre débriefing. En attendant, je me suis lancé tout de même dans la création d'une page Facebook : teheiura.kohlanta11. Une grande nouveauté pour moi, les réseaux sociaux ! Et puis j'ai attendu, laissant faire les choses, pensant que je ne dépasserais pas la centaine d'abonnés.

Notre saison semblait très attendue car la précédente n'avait pas vraiment fait l'unanimité auprès des téléspectateurs. Les paysages vietnamiens avaient moins séduit, alors, pour revenir aux paysages d'origine de l'émission, l'équipe avait déniché un petit coin de paradis quelque part perdu au milieu du Pacifique, en Indonésie. Denis Brogniart ne cessait de faire des éloges sur les décors somptueux de Raja Ampat. « *C'est le plus beau site de l'histoire de l'émission* », avait-il dit aux médias. Et pour tout vous dire, bien que les îles Fidji (Île des héros, 2020) soient magnifiques, l'archipel de Raja Ampat s'impose comme une vraie pépite à mon goût aussi !

Se posait également la question du renouvellement de l'émission dans la continuité sans toucher aux fondamentaux qui avaient fait son succès. Pour cela, le public allait être servi avec la chasse aux colliers d'immunité, l'instauration du vote noir, la suppression des réserves de riz et le non-remplacement en cas d'abandon volontaire. Pour ma part, j'en étais persuadé, les fans de l'émission ne seraient en aucun cas déçus.

Avant la diffusion, je ne mesurais absolument pas l'impact médiatique que pourrait engendrer « Koh-Lanta » dans ma vie. Je savais, bien entendu, que l'émission était regardée par des millions de téléspectateurs mais, pour moi, cela restait plutôt abstrait.

Le lendemain de la diffusion du deuxième épisode, je me suis rendu dans un supermarché pour faire quelques courses avec ma femme. Autour de moi, les gens me dévisageaient comme s'ils se demandaient : Lui, je l'ai déjà vu quelque part, mais où ? En général, leur regard s'attardait sur mes tatouages. Puis, plus les épisodes ont défilé et plus les gens sont venus spontanément à ma rencontre pour m'encourager, me féliciter, prendre une photo ou demander un autographe (ça aussi, il a fallu que je m'y habitue !).

Un jour, alors que j'étais au comptoir d'une caisse pour régler mes courses, j'ai découvert face à moi un magazine télé dont je faisais la couverture. Il y en avait des petites rangées devant chaque caisse. La situation était amusante et ma femme se moquait gentiment de mon visage qui avait rajeuni de plusieurs années sur la photo. Pendant ce temps, les personnes autour de nous posaient leurs regards interrogatifs tantôt sur moi, tantôt sur le magazine dans un va-et-vient de la tête assez drôle à observer.

Finalement, c'est devenu un réel plaisir de rencontrer des téléspectateurs qui suivent ardemment l'émission ! J'essaye toujours d'accueillir leurs commentaires avec la plus grande simplicité. Parfois, j'avoue, j'aime bien les taquiner :

– Bonjour, vous êtes Teheiura de « Koh-Lanta » ?

– Euh… non !

– C'est bizarre, vous lui ressemblez beaucoup.

« *Alors qui a gagné ?* » Voici la première question qui venait à l'esprit des gens. À cela, j'ai toujours répondu que ça ne serait pas intéressant pour eux de connaître l'issue du jeu. Le suspense représente quand même un des intérêts essentiels de l'émission ! Et puis, il y a surtout la clause de confidentialité dans laquelle je m'étais engagé à ne pas révéler la suite de l'aventure. Là encore, comme avec les journalistes, je faisais vraiment très attention à ce que je disais et, en général, je me donnais quelques secondes de réflexion avant de répondre à leurs interrogations.

Il est indéniable que les réseaux sociaux rapprochent les personnes qui ont un intérêt commun. Aussi, j'ai opté pour commenter en direct les soirées « Koh-Lanta » avec ceux qui suivent ma page Facebook. C'est mon rituel du vendredi soir à chaque saison. J'aime bien, par petites touches, faire quelques commentaires sur la survie, les difficultés sportives mais jamais sur les candidats. Je veille également avec prudence à ce qu'aucun propos ne fasse trop s'enflammer la discussion ! La production nous a toujours mis en garde contre ce fléau sur Internet : les gens expriment leur opinion parfois sans aucune limite. Certains se plaisent à insulter gratuitement. Pour ma part, je n'ai jamais rencontré de problèmes de ce genre. En général, les personnes sont respectueuses et assez bienveillantes envers moi, certainement parce qu'à l'écran j'ai toujours voulu rester droit, comme dans ma vie. Trahir n'a jamais fait partie de mes valeurs. Mais, je le répète, « Koh-Lanta » n'est qu'un jeu où jouer implique aussi des alliances, des stratégies et parfois des trahisons. Chacun est libre d'emprunter la voie ou la direction qui lui plaît.

Pour certains candidats, les réseaux sociaux deviennent rapidement une « bête noire ». Les internautes n'hésitent pas à se déchaîner contre eux et cela peut prendre des proportions inimaginables et même compromettre des vies professionnelles. J'ai dû maintes fois appeler au calme sur les réseaux sociaux car de nombreux aventuriers se faisaient critiquer, injurier et même menacer après mes éliminations successives. Je comprends tout à fait leur (ou votre) déception mais les insultes ne sont pas acceptables. Faire la part des choses entre jeu et vraie vie est primordial.

La grande finale

Généralement, la grande finale se déroule en direct sur un plateau de tournage à Paris et ce, plusieurs mois après la captation de l'émission. Chaque candidat y assiste en compagnie de quelques proches invités pour l'occasion.

Avant que le décompte ne commence et que les caméras ne s'activent, nous nous retrouvons avec tous les aventuriers, dans les loges. L'ambiance qui y règne est plutôt festive, bon enfant, mais parfois aussi, certains candidats préfèrent garder une certaine distance et se mettre en retrait par rapport à d'autres aventuriers. Denis Brogniart s'invite alors quelques minutes pour discuter et prendre un peu « la température » juste avant « le *live* ». Maquillage, coiffure, repassage de chemise, petite coupe de champagne, quelques mots du réalisateur et nous voilà fin prêts pour le plateau du direct !

Le premier assistant réalisateur nous explique exactement comment va se dérouler le tournage. Nous découvrons ensuite le plateau décoré exceptionnellement à l'image de « Koh-Lanta » ainsi que notre rondin de bois nominatif, comme si nous étions en plein conseil sur l'île (Tiens, il ne m'avait pas manqué celui-là car son assise n'est pas forcément très confortable). À ce moment-là, je retrouve des cameramen ou ingénieurs du son plus détendus que sur l'île et avec qui nous pouvons enfin discuter normalement. Pendant ce temps, le public installé dans les gradins est pris en charge par un chauffeur de salle qui va assurer l'ambiance avant le début de l'émission.

La soirée débute par la retransmission du dernier épisode sur un grand écran pour le public et sur une petite télévision pour les candidats en loge. Nous assistons tous à la compétition des derniers aventuriers en lice lors de l'épreuve d'orientation, à la fameuse épreuve des poteaux ainsi qu'au conseil final où les membres du jury débattent puis départagent enfin les finalistes. À la découverte des images, nous rions aux éclats, nous sommes parfois amusés, parfois sceptiques et même quelquefois décontenancés par les gestes ou les dires de certains. Nous profitons aussi de ce moment-là pour alimenter les réseaux sociaux avec des *selfies*, des vidéos. L'ambiance est telle qu'on arrive à oublier les tensions entre certains ou presque. Pas le temps de terminer l'épisode, les aventuriers sont appelés à prendre place sur leur rondin de bois à l'exception des deux finalistes qui restent encore en coulisse. À l'écran, Denis Brogniart clôture l'épisode en scellant définitivement l'urne sur ces mots : « *On se retrouve à Paris pour le dépouillement. Alors qui sera le grand vainqueur ? Nous le saurons dans quelques minutes.* »

Finale de « Koh-Lanta » saison 11

Retour sur le plateau : le direct a été lancé sous une horde d'applaudissements dirigée par le chauffeur de salle ! Alors que Denis Brogniart présentait brièvement chaque candidat, Gérard et moi écoutions attentivement les consignes d'un membre de l'équipe dans les coulisses. Notre entrée devait être réussie !

J'ai attendu en silence au côté de mon adversaire dans le jeu, et le stress a commencé à m'envahir quand j'ai entendu Denis Brogniart parler de nous: «*Alors l'un vient de Polynésie, il a remporté six épreuves dont l'orientation. Il est habité par les coutumes et les traditions de ses ancêtres. L'autre vient du sud-ouest de la France, il est jardinier, première ligne de rugby, costaud mais aussi papa-poule avec ses trois filles. Il vient de gagner l'épreuve des poteaux. Merci de faire ovation à Gérard et Teheiura.*»

Guidés par les acclamations du public, nous nous sommes avancés tous deux jusqu'au célèbre présentateur. Mon regard l'esquivait de temps en temps pour rechercher mes proches dans le public. Nous avons fait une entrée grandiose sous les projecteurs et les jets de flamme ! Il y a eu le débat sur l'ensemble de l'aventure,puis est enfin venu le temps du dépouillement des votes. Devant les caméras, tous ont été très élogieux à mon propos mais les votes se sont avérés lourdement en ma défaveur (ce que je savais puisque je m'apprêtais à partir pour le *All Stars* de la Revanche des héros). Plus de la majorité (7 voix contre 2) a jugé que Gérard, actif et discret sur le camp, était plus méritant. Je ne peux que m'incliner devant cette vision du mérite. Après tout, Gérard est effectivement resté le dernier sur les poteaux !

Mon parcours honorable n'avait en rien ressemblé à un long fleuve tranquille. Dès le début, ma tribu avait été désavantagée par les nombreux abandons volontaires qui avaient provoqué notre chute lors de la réunification. Les rouges ne nous avaient pas épargnés et j'avais dû me battre sans jamais baisser la garde, jusqu'au bout, pour arriver à la place que j'occupais ce soir-là. Et si j'avais été rouge ? Quel aurait été le résultat ? Et si ? Et si ? Et si ? La seule chose que je savais, c'est que dans quelques semaines, je m'envolerais à nouveau vers une destination inconnue.

À la désignation du grand vainqueur, une pluie de cotillons dorés et argentés a illuminé instantanément le plateau de tournage. Nous nous sommes tous joyeusement retrouvés au beau milieu de la scène. Céline, Manavai, mes proches et de nombreuses personnes que je ne connaissais pas m'ont félicité tour à tour pour mon joli parcours. Mon cousin Tehina m'a apporté le drapeau polynésien, que j'ai immédiatement passé autour de mon cou. Je l'ai gardé tout au long de la soirée et même pendant mes interviews : j'étais fier d'arborer les couleurs du *fenua* devant des millions de téléspectateurs.

La soirée télévisée a pris fin. Les caméras se sont éteintes, mettant un terme à cette saison 2011. À cet instant, j'ai ressenti à la fois un soulagement mais aussi un profond sentiment d'inachevé.

Une fête avait été prévue par la production pour tous les aventuriers ! Un cocktail dînatoire nous attendait dans l'arrière-salle du bâtiment avec un petit spectacle offert par la délégation indonésienne invitée pour l'occasion. Mais entre les photos et les nombreuses interviews pour différents médias, j'avais pris beaucoup de retard sur le planning de la soirée. Alors mes ex-coéquipiers ont été conduits au point de rendez-vous suivant : une boîte de nuit parisienne. Je ne les ai rejoints que bien plus tard, seul dans une petite voiture. Qu'importe !

Pour marquer encore plus cette grande soirée avec une touche polynésienne, j'avais eu beaucoup de joie à offrir à chacun des colliers de fleurs de *tiare tahiti*. Pour l'occasion, ma mère les avait fait parvenir par avion de Polynésie.

Quelque temps après la désignation du grand vainqueur de l'émission, la boucle du périple se referme lorsque nous recevons notre sac aventure. À chaque fois cela me fait remonter tous les moments vécus, les meilleurs comme les plus difficiles. Dans mes sacs, je retrouve tous mes habits, baskets, foulards... mais aussi toutes les petites choses dénichées sur les camps, comme les messages des bouteilles, les objets d'une épreuve ou même du sable de l'île qui nous a accueillis. On a presque l'impression de dépouiller le lieu de tournage pour rapporter un peu de « Koh-Lanta » à la maison.

J'entrepose alors comme des trophées chaque pièce ou objet dans une vitrine collector à l'effigie de mes quatre aventures. La seule chose qui manque, c'est le totem de la victoire.

Gagner Koh-Lanta ?

À ce jour, après quatre saisons, je dirais qu'il y a toujours quelque chose de mystérieux dans l'alchimie des paramètres de « Koh-Lanta ». Fort sur les épreuves, dévoué à ses coéquipiers pour la survie, stratège de haut vol ou discret et bienveillant avec les autres : aucune de toutes ces compétences ou qualités ne peut à elle seule garantir d'être le gagnant de « Koh-Lanta ». Les relations humaines varient pendant toute la durée du jeu. Les échelles de valeurs bougent tout le temps en fonction de la situation, de son intérêt propre, de ses sentiments ou de son humeur. Quand on sait qu'un épisode équivaut à trois jours de survie, on comprend bien que les caméras ne peuvent transmettre aux téléspectateurs que des témoignages choisis et à l'instant « t ». En coulisses, avant, pendant et après, se révèlent parfois d'autres histoires et des explications éclairantes sur tel ou tel vote. Mais on ne le sait qu'après.

Il n'y a pas de règles pour gagner « Koh-Lanta ». Il n'y a que des règles du jeu qui empêchent toute recette miraculeuse pour être gagnant. Et c'est bien là tout le piment de l'aventure. On tente sa chance, on joue avec ce qu'on est... Et on espère !

Ce que l'on gagne tous immanquablement, c'est d'avoir participé à une expérience humaine unique qui nous ouvre à chacun des horizons différents.

PARTIE 4

L'après « Koh-Lanta »

« Le retour du 'Aito »

Quand j'ai candidaté à « Koh-Lanta », j'ai misé sur le fait qu'aucun Polynésien n'y avait jusque-là participé. Les différentes étapes de casting réclament de telles disponibilités et possibilités de mobilité que je comprends combien la candidature d'un Polynésien qui viendrait exprès du *fenua* est compliquée. Cela nécessiterait un investissement énorme pour un casting qui s'étale sur plusieurs semaines, avec en prime l'incertitude totale d'être sélectionné. Être le premier représentant de la Polynésie française dans un jeu télévisé aussi célèbre et populaire s'apparentait à un honneur dont je voulais être digne. Cependant, aussi paradoxal que cela puisse paraître, pendant toute la durée du tournage de l'émission, je n'ai absolument pas pensé que mes paroles et mes actes allaient véhiculer une certaine image de la Polynésie. C'est lors de la diffusion du premier épisode que j'ai compris que j'affichais ma personnalité à des millions de téléspectateurs et je ne voulais surtout pas décevoir les miens. Je suivais donc de très près tous les retours des médias et surtout des Polynésiens. Je vous assure que jamais, dans mon désir d'aventure, je n'avais prévu les retombées incroyables de cette participation télévisée. Certains messages m'ont particulièrement marqué :

« Aujourd'hui, avec la situation politique, il faut que quelqu'un puisse nous rendre fiers d'être Polynésiens et je pense que Teheiura est parfait dans ce rôle […] *soyons honnêtes, il vend Tahiti, il donne envie aux Français de venir faire*

un tour chez nous pour voir si nous sommes tous comme lui !» (Liliuokalani, la Dépêche dimanche, *13 novembre 2011).*

«Mon mari et moi avons toujours dit que cela serait super s'il y avait un "vrai" Polynésien qui participait à cette aventure "Koh-Lanta", et enfin ça arrive en 2011 avec Teheiura, un Polynésien de Tahaa en plus. Un homme rempli d'humilité, de générosité, qui a une grande force mentale et est empreint de la douceur des îles. C'est un régal de le voir presser le lait de coco dès le matin, tresser le nī'au, *construire une pirogue et toutes les choses que ses ancêtres lui ont transmises.» (Lylou,* la Dépêche dimanche, *13 novembre 2011).*

«Il tient de ses parents le calme qu'il a en lui. Petit, il a vécu l'école du dimanche et a retenu tout ce qu'on y apprend : à être soi-même d'abord, à rester humble, à écouter la parole de Dieu et ça, spirituellement, c'est une aide ! Tehei était différent des autres Koh-lantiens qui voulaient gagner quelle que soit la façon, lui a su rester respectueux. C'est sa force d'aller toujours au bout de ses convictions. Pour nous, il a gagné le cœur des Polynésiens et des Tahaaiens.» (Martine, «Le retour du 'Aito», documentaire réalisé par Brandy Tevero, TNTV, 2012).

En décembre 2011, quelques jours avant la grande finale, Stéphanie Clémente m'a contacté pour me faire part d'un partenariat mis en place entre Air Tahiti Nui (compagnie aérienne), Tahiti Tourisme, *la Dépêche de Tahiti* (quotidien local) et *Tiki Mag* (magazine local). Ils souhaitaient m'offrir l'opportunité de rentrer en Polynésie pour les fêtes de Noël en compagnie de Céline et Manavai. Cela faisait six ans que je n'avais pas revu ma famille et mon île natale : j'ai littéralement explosé de joie. Cependant, comme je m'apprêtais à participer, en secret, à mon deuxième «Koh-Lanta», ce projet a été reporté à février 2012. Et finalement, je suis parti seul retrouver les miens car Céline attendait notre deuxième fille et ne pouvait pas entreprendre un aussi long voyage. Quant à Manavai, nous avons préféré qu'elle reste avec sa maman, loin de l'agitation de la foule et des médias.

À bord d'un avion Air Tahiti Nui, au fuselage bleu profond et turquoise rappelant la déclinaison des couleurs des lagons et arborant l'emblème du *fenua*, j'ai été accueilli par un équipage aux sourires plus que chaleureux qui m'a offert une fleur de *tiare tahiti* au parfum unique et si voluptueux. Le voyage pour Raja Ampat avait duré très longtemps mais celui-ci m'a semblé une éternité. Lors de ce voyage, je n'étais pas réellement seul puisque Rebecca, une assistante candidat d'ALP, m'a accompagné afin de s'assurer que le programme mis en place soit bien respecté. Ce n'était ni ma nounou, ni mon attachée de presse, comme certains le pensaient.

– Tu penses qu'il y aura combien de personnes pour t'accueillir ? m'avait demandé Rebecca.

– Euh… je ne sais pas trop. Entre la famille et les amis, je dirais une bonne trentaine.

Le 25 février 2012 à 23 heures, heure locale, le Mangareva, avion d'Air Tahiti Nui, a enfin atterri à l'aéroport de Faa'a à Tahiti. À la sortie, j'entendais le *pāhu* et les *tō'ere*, des instruments de percussion, et je me suis dit que finalement mon calcul devait sans doute être revu à la hausse. Brandy Tevero, journaliste de TNTV, braquait sa caméra sur moi pour la réalisation d'un reportage : « Le retour du 'Aito » (Le retour du champion). En descendant de la passerelle, dans la chaleur moite de la nuit, très ému, j'ai immédiatement retrouvé les senteurs familières de ma terre. Puis j'ai été dirigé vers le salon VIP pour plus d'intimité, où m'attendaient ma famille et mes proches. J'avais le cœur qui battait la chamade, j'en tremblais même. Quand j'ai vu mes parents, je les ai tout de suite pris dans mes bras dans une longue étreinte silencieuse et chargée d'émotion. Juste à côté, mon frère Endy attendait son tour pour une accolade fraternelle et très chaleureuse.

Derrière la porte du salon, j'entendais le son des percussions qui m'appelaient. En sortant, j'ai eu une vision de folie ! Il y avait plus de deux cents personnes qui m'attendaient dans l'aéroport. Au fur et à mesure que chacun m'accueillait, j'ai commencé à crouler sous les colliers de fleurs de *tiare* dont les effluves envoûtants irradiaient jusqu'à mon cerveau. Puis je n'ai pas pu résister à l'appel des danseuses de la troupe Manahau qui m'ont entraîné dans un *tāmūrē* endiablé. Les flashs des appareils photos fusaient à la vitesse de la lumière. Entouré par plusieurs agents de sécurité et malgré la fatigue, je me suis prêté aux jeux des autographes et des photos tout en me déplaçant difficilement vers une voiture qui allait nous conduire, mes parents et moi, vers l'hôtel Maeva Beach.

Il y a quelques années, j'avais quitté cet aéroport dans l'anonymat le plus total et, ce jour-là, on m'accueillait comme une grande personnalité. La situation semblait irréelle et était un peu déstabilisante ! Même si j'avais suivi les médias et les réseaux sociaux qui avaient été assez bienveillants, je me demandais ce que j'avais fait de si spécial pour mériter tous ces honneurs. De l'autre côté du globe, Céline vivait « en *live* » mon retour sur Internet. Elle n'en revenait pas. Un tel accueil restera à jamais gravé dans ma mémoire.

Après quelques heures de sommeil, je me suis réveillé en ressentant la fatigue du décalage horaire. À 5 heures du matin, seul le silence régnait autour de moi ! Installé confortablement dans un transat sur la terrasse de ma chambre d'hôtel face à la mer, j'ai profité de l'instant présent, de ce moment de calme. Je repensais à tout le parcours réalisé de mon enfance à mon arrivée en France et jusqu'à ce jour. Le soleil se levait et les rayons venaient progressivement éclairer les arbres aux fleurs multicolores, les buissons de *tiare* ainsi que le lagon aux mille nuances de bleus. J'ai contemplé toute cette beauté avec bonheur en cet instant de plénitude.

Ma première journée a débuté par la rencontre du président du gouvernement, Oscar Temaru, lors d'un brunch au siège du Groupement d'intérêt économique Tahiti Tourisme. Le GIE est une structure en charge de la promotion de la Polynésie française comme destination touristique. Au menu de ce festin de roi : poisson cru au lait de coco, *taro, 'uru, firifiri*, pain coco, porc rôti, poisson grillé, fruits exotiques... Quel régal pour mes papilles ! J'ai ensuite enchaîné les visites programmées dans les locaux de tous les partenaires qui avaient permis ce retour.

Le lendemain matin, j'avais rendez-vous avec des fans privilégiés lors d'un petit déjeuner organisé par *la Dépêche de Tahiti* suivi d'une rencontre avec les cinq gagnants du jeu « Gagne ta photo avec Tehei » de *Tiki Mag*. L'un d'entre eux, Ariiho, venu spécialement de Makemo de l'archipel des Tuamotu, m'a généreusement offert son *'ukulele* avec lequel il « bringuait » chaque vendredi soir après l'épisode de « Koh-Lanta ».

Plus tard, le maire de la ville de Papeete, Michel Buillard, m'attendait à l'hôtel de ville pour me remettre une médaille. Puis j'ai poursuivi ma balade organisée dans les rues de Papeete pour rejoindre l'un des endroits pittoresques de la ville : le marché municipal. Un pôle d'attraction haut en couleur et riche des parfums de tous les produits locaux. Les producteurs, artisans et vendeurs y font régner une animation pleine d'échanges savoureux. Ce lieu est incontournable pour rencontrer l'authenticité polynésienne. J'y ai été accueilli de nouveau sous une pluie de colliers de fleurs, de multiples offrandes (collier marquisien, panier en pandanus tressé, perles de Tahiti, *'ukulele*…) et de paroles touchantes. Pour finir cette journée, l'organisation à Tahiti m'avait prévu une séance de plongée dans le lagon magique de Faa'a sur le site de « l'Aquarium ». Exténué par le voyage et le décalage horaire, j'ai profité avec délice du silence bienfaiteur des profondeurs sous-marines, en communion totale avec le lagon. Dans cette eau du Pacifique si familière, je me ressourçais déjà avant de retrouver mon île natale : Tahaa.

Après ces deux jours à Tahiti et un planning rythmé par des visites, des séances photos et dédicaces, j'ai embarqué à bord d'un des avions de la flotte d'Air Tahiti pour Raiatea, l'île sacrée, l'île sœur de Tahaa. Arrivé à destination, en descendant la passerelle pour rejoindre le tarmac, j'ai entendu le son des percussions et les cris impatients de la foule. Dans de joyeuses bousculades, de nombreuses personnes dont la mairesse de l'île, ont défilé devant moi pour me couronner et m'embrasser encore et encore.

Au port de Uturoa, j'ai embarqué sur un catamaran pour rejoindre enfin mon île. La traversée a duré une heure dans une ambiance festive, aux sons des *'ukulele*. On m'avait confectionné une énorme couronne rouge en *more* en référence à mon prénom.

Les yeux rivés sur Tahaa qui se rapprochait, j'arborais un immense sourire radieux. Le catamaran glissait sur le majestueux lagon, me laissant apercevoir la baie de Faahue, puis la pointe de Punapae — mon ancien terrain de jeu, enfant —pour enfin terminer sa course face à la place Mainanui à Patio, chef-lieu de Tahaa.

Des rameurs venus à ma rencontre m'ont alors invité à monter à bord d'une pirogue individuelle de compétition. J'entendais certains crier joyeusement : « *Allez, comme à "Koh-Lanta" hein... faut qu'ça glisse !* » J'ai puisé au fond de moi toute la force nécessaire pour terminer ce périple en ramant jusqu'à la berge et faire honneur à la cérémonie.

Un millier de personnes m'attendaient, formant une haie d'honneur avec, en première ligne, les enfants de l'île qui clamaient en chœur mon *haka* de « Koh-Lanta » : « *A tu, a tu, a tu te toa...* » Une jeune oratrice, élève de mon frère Endy, se tenait droite devant moi en déclamant un *'ōrero* en *reo mā'ohi*, une performance d'art déclamatoire. Dans son discours, devant la foule attentive, elle accueillait « l'enfant du *fenua* » et lançait un message à tous les parents pour les inciter à enseigner à leur progéniture les gestes et les rudiments de notre culture. Elle expliquait aux enfants qu'il fallait garder précieusement tous les savoirs ancestraux transmis.

L'accueil s'est poursuivi sous un chapiteau où des festivités avaient été préparées pour mon retour. De nouveau : discours, couronnement de colliers de fleurs mais aussi d'un collier et d'une couronne de vanille, l'emblème de Tahaa. Un spectacle de danse est venu ponctuer le cérémonial. Parmi les danseurs, j'ai reconnu immédiatement Kahaia, une jeune fille qui interprétait un *'ōte'a*. Quelques années auparavant en France métropolitaine, nous lui avions appris le *'ori tahiti* avec Céline.

Le lendemain, la visite du collège Upuro de Haamene, que j'avais fréquenté dans ma jeunesse, figurait au programme. Les élèves m'ont entouré de leurs rires, sourires, me communiquant plus ou moins timidement leur admiration.

Puis il y a encore eu une escale au district de Tapuamu pour découvrir le parcours du raid Vanira (course à pied d'environ 15 km en pleine nature luxuriante) qui allait se dérouler quelques semaines plus tard. Mon programme officiel s'est terminé en apothéose avec la dégustation d'un *mā'a tahiti* préparé dans le four traditionnel polynésien, dans le cadre exceptionnel du *motu* Tuairi réputé pour son superbe jardin de corail.

Tellement d'honneurs et de signes de reconnaissance m'étaient offerts que je n'ai cessé de multiplier les remerciements en essayant de n'oublier personne à chaque fois.

Le moment tant attendu de retrouver mes proches plus intimement a fini par arriver. J'ai enfin pu profiter de ma famille mais aussi de mes amis et de mon île tout simplement, sans caméra. J'ai alors entrepris de m'adonner à mes activités d'adolescent (pêche, agriculture, artisanat...) sans oublier la visite des *matahiapo,* les anciens du village, comme si rien ne s'était passé.

À peine quelques jours plus tard, je suis retourné en France pour rejoindre ma petite famille et poursuivre mes projets qui se développaient à grande vitesse.

« *Il y a six ans, en partant en métropole, j'étais Teheiura, en rentrant en Polynésie, je suis devenu Teheiura de "Koh-Lanta", mais moi je suis toujours le même.* » Ces quelques mots prononcés lors de la fin du reportage « Le retour du 'Aito » gardent tout leur sens encore aujourd'hui.

Depuis mes apparitions à la télévision, ma famille me raconte que des touristes s'arrêtent devant la maison de mes parents dans le secret espoir de me parler. Comme je n'y suis pas, ils se contentent d'échanger quelques mots avec mes parents ou essayent parfois de voir l'endroit où j'ai grandi !

La réussite, là où on ne l'attend pas

Gagner n'est pas une fin en soi ! La plus grande victoire ne revient pas forcément à l'ultime survivant qui empoche les 100 000 euros. Bien sûr, en compétiteur que je suis, je vise toujours la première place, je mentirais en disant le contraire. Mais au-delà de ça, je suis allé jusqu'au bout de ma première aventure que j'ai voulue ardemment. J'en ai enchaîné trois autres et même si je n'ai pas accédé au podium de la finale, elles ont, elles aussi, constitué une certaine réussite.

Sans vouloir philosopher, ma réussite s'est donc construite en quelque sorte à partir de « mes échecs » dans les émissions « Koh-Lanta ». Mon beau-frère Cédric m'a souvent répété qu'il trouvait préférable d'être éliminé injustement avant la fin du jeu plutôt que de le gagner. De son point de vue, cela me permettait d'une part d'avoir l'attention bienveillante du public et d'autre part, d'être recontacté par l'équipe de production pour repartir à l'aventure. Il n'avait pas tout à fait tort. Mais n'allez pas croire que j'ai fait exprès de me faire éliminer à chaque fois ! Mon constat est juste celui-ci : ma popularité soudaine suite aux émissions « Koh-Lanta » (une popularité combinée à de la bienveillance) m'a beaucoup encouragé à persister, tant dans mes efforts à participer à l'émission que dans mes projets professionnels.

Je me suis toujours demandé : Et si j'avais gagné mon premier « Koh-Lanta » ? Quelle aurait été la suite ? J'aurais certainement refait une édition spéciale... mais pas quatre. Ça, c'est certain ! Et qu'aurais-je fait avec les 100 000 euros en 2011 ? Je les aurais certainement utilisés pour partir à Tahaa avec ma femme et ma fille et j'aurais probablement investi à la hâte dans l'achat d'un restaurant. Finalement, en y regardant de plus près, j'ai gagné bien plus : une popularité inattendue et chaleureuse, des rencontres importantes qui m'ont permis d'affiner mes projets professionnels, sans compter les propositions incessantes dans toutes sortes de domaines.

« Koh-Lanta » m'a apporté une visibilité médiatique exceptionnelle. J'ai reçu une multitude de demandes en tous genres parmi lesquelles il a fallu faire le tri : hors de question d'accepter tout et n'importe quoi ! On peut d'ailleurs toujours compter sur la production pour nous aider, par exemple dans l'analyse des contrats proposés. Parmi les propositions les plus intéressantes, je citerais le partenariat avec Air Tahiti Nui qui m'a permis à maintes reprises de revoir ma famille de Tahaa. Une chance inouïe pour moi !

Suite à ma première aventure, j'aurais très bien pu reprendre un poste de cuisinier salarié dans un restaurant. La restauration est un des secteurs qui recrutent le plus en France et je n'aurais eu aucune difficulté à trouver un travail. Cependant, avec le temps, je voyais un peu plus large : je souhaitais créer mon propre restaurant en combinant les gastronomies française et polynésienne. Pour concrétiser mon projet, j'ai compris qu'il me fallait avancer étape par étape.

En 2012, suite à mon retour de la Revanche des héros, j'ai décidé de créer ma propre entreprise. J'ai exploité un filon en vogue à l'époque : chef cuisinier à domicile. J'ai donné de nombreux cours de cuisine sous forme d'ateliers et proposé des démonstrations culinaires pour des privés et des sociétés publiques. En parallèle, j'ai réalisé une collection de vêtements «*A tu te toa*», en référence au *haka* que j'entonnais lors de la saison 11. Nombreux l'avaient retenu et je me suis dit : pourquoi ne pas utiliser ce credo qui plaît ! Alors, nous avons travaillé comme des forcenés avec Céline. Elle réalisait les logos que je dessinais et j'apprenais également les rouages de la sérigraphie artisanale. Le deuxième étage de notre maison s'est transformé en atelier de sérigraphie avec des machines conçues sur mesure par mon beau-père et moi-même. J'ai tiré parti de ma soudaine notoriété qui facilitait mon intégration dans les nombreux festivals polynésiens en France pour vendre ma collection.

En 2014, tout juste avant de partir à mon troisième « Koh-Lanta », j'ai décidé de rédiger un livre de cuisine, *Aventure culinaire*, en misant sur la simplicité et l'exotisme. Là aussi, avec Céline, nous avons tout réalisé nous-mêmes et ce, en très peu de temps : trois mois ! Nous avons investi dans un appareil photo performant pour photographier les plats cuisinés et notre salon de séjour s'est trouvé transformé en un véritable studio de photographie dans lequel nous œuvrions sans répit. Pendant que j'écrivais et réalisais les recettes, Céline gérait la mise en page du livre ainsi que toute la partie graphique. Nous avions décidé de le sortir en autoédition. Nous en avons fait imprimer mille. En cinq mois, nous avons tout vendu lors des différents événements auxquels j'ai participé. Mais comme j'avais à cœur que le livre soit diffusé partout en France et surtout en Polynésie, j'ai contacté dans cette période une maison d'édition du Pacifique qui a tout de suite accepté d'intégrer *Aventure culinaire* dans sa collection. Ainsi, au lieu de renouveler notre autoédition, nous avons laissé Au vent des îles prendre le relais avec un immense plaisir. Quelle chance formidable !

Peu de temps après, je me suis réveillé un matin en ayant fait, pendant la nuit, le rêve que je me déplaçais à bord d'un *food truck* dans les villes de France. Je me suis dit : Il faut que je fasse ça ! Aller à la rencontre des gens avec un *food truck*. De plus, ce concept me faisait penser aux roulottes que je connais bien.

Les « roulottes » à Tahiti, plus particulièrement sur la place Vaiete à Papeete, sont réputées pour leur convivialité et la diversité des plats polynésiens qu'elles proposent. Quand je m'y rends, je ne résiste pas aux bonnes odeurs qui évoquent le mélange des cultures propre à la cuisine locale : les préparations asiatiques au wok comme le *chao men*, les poissons marinés à la tahitienne ainsi que de nombreux classiques de la cuisine européenne (crêpes, pizzas, etc.). En France, le concept faisait son apparition : des petits camions mobiles aménagés pour de la cuisine rapide à consommer sur place ou à emporter. J'ai sauté sur la tendance. De plus, j'avais rencontré un entrepreneur qui m'avait conseillé de débuter petit avant d'entreprendre plus grand. Un *food truck* pouvait m'amener à engranger l'argent nécessaire pour acheter un restaurant fixe. Grâce à l'apport financier de mes projets précédents, j'ai fait l'acquisition d'un camion conçu sur mesure sans avoir besoin de prêt bancaire. L'agence de communication Air Tahiti Nui m'a apporté son aide en participant à la création de la *cover* du camion. C'est ainsi qu'est né le Manatoa, l'esprit du guerrier. Avec lui et grâce aux différents partenariats mis en place, j'ai réalisé un Tour de France en 2016. Depuis, je sillonne les routes d'Occitanie et, aussi souvent que possible, je me rends dans certaines villes de l'Hexagone. Le Manatoa est une affaire de famille : mon beau-frère Nelson ainsi que ma sœur Liana travaillent à mes côtés depuis qu'ils se sont installés en France pour mieux accompagner leur fille Mareta dans ses études supérieures. Céline m'aide au niveau de la communication via Internet, ma belle-mère Myriam s'occupe de la comptabilité et mon beau-père m'apporte régulièrement de bons légumes de son jardin. Même mes filles arborent leur tee-shirt bleu lagon du Manatoa et mettent du cœur à l'ouvrage en m'aidant à nettoyer, ranger, cuisiner.

Il est vrai que ma notoriété aide beaucoup à la réussite de mon entreprise. Les personnes viennent voir Teheiura de « Koh-Lanta » mais ce qui me fait plaisir, ce sont sont ceux qui reviennent pour la cuisine aux saveurs exotiques. Notre spécialité : le poisson cru à la tahitienne.

Parmi les nombreuses propositions que j'ai reçues suite à mes participations à « Koh-Lanta », certaines ont retenu mon attention.

En 2013 par exemple, j'ai réalisé un rêve d'enfant : participer à l'émission « Fort Boyard » pour France 2. Avec mon équipe, nous nous sommes lancés à l'assaut du fort pour l'association caritative Cœur de Gazelle qui agit dans les domaines de la santé, l'environnement, la réinsertion professionnelle et l'enseignement. Quand on arrive devant le fort, on se sent tout petit face à ces impressionnantes murailles. Quant aux épreuves, je me suis vraiment amusé et investi dans chacune d'elles, notamment dans celle d'« Excalibur », inspirée d'une légende du Moyen Âge. Il fallait tout d'abord retirer l'épée de vingt kilos non pas d'un rocher comme dans la légende mais d'une souche d'arbre puis couper un épais cordage sur la souche voisine pour pouvoir s'emparer de la clé. Finalement, malgré le fait que l'un d'entre nous ait été emprisonné, nous avons remporté les fameux boyards. Mon seul petit regret, c'est de ne pas avoir rencontré le Père Fouras cette fois-là car je savais qu'il était le concepteur des jeux de « Koh-Lanta ».

J'ai enchaîné en 2016 avec « Tahiti Quest », une émission diffusée sur Gulli et tournée sur l'île de Moorea. Mon rôle était de soutenir les familles participantes en leurs prodiguant des conseils et techniques dans une épreuve de lancer de javelot traditionnel. J'avais également comme mission de partager avec chacune des familles la technique pour faire du lait de coco, l'art de nouer un *pāreu* ou bien encore mon savoir-faire dans le tressage de feuilles de palmes.

J'ai aussi pris un grand plaisir à affronter les obstacles impressionnants de « Ninja Warrior », une émission de TF1, en 2016, à Cannes. J'étais alors invité en tant que personnalité connue (*guest star*). Je ne partais pas forcément pour gagner le parcours car je ne m'étais pas suffisamment préparé physiquement. Néanmoins, j'ai donné le maximum, comme à chaque défi, et j'ai réussi à participer à la demi-finale.

Puis durant deux saisons, en 2017 et 2018, j'ai eu l'immense chance d'être co-animateur avec Laurent Maistret, mon ami aventurier, de l'émission « École Aventure » diffusée sur Télétoon+ : un concept produit par Adventure Line Productions où des enfants entre 12 et 14 ans, répartis en deux équipes, s'affrontaient dans un jeu d'aventure. En tant que capitaines, Laurent et moi devions les accompagner dans les épreuves, les aider à progresser et leur transmettre des valeurs telles que l'esprit d'équipe, le dépassement de soi... en vue de remporter l'aventure ! Un jeu sans élimination qui permettait à chaque équipe gagnante ou perdante de tirer des leçons après chaque épreuve. Co-animer une émission a été une expérience très enrichissante pour moi.

Sans oublier les divers passages dans des émissions sur les DOM-TOM, sur France O, en tant que cuisinier cette fois, sur les plateaux des émissions « Les témoins d'Outremer » et « Voyage et délices by chef Kelly ». C'est toujours un honneur pour moi de pouvoir partager notre culture culinaire avec un large public.

Aujourd'hui, je garde toujours en ligne de mire un projet professionnel plus ambitieux : acheter un terrain avec un restaurant dans l'Hérault. Mon désir le plus cher vise à développer un lieu où les gens pourraient découvrir la culture polynésienne : déguster des mets typiques, participer à des réalisations artisanales, découvrir le *'ori tahiti* et pourquoi pas un petit circuit aventure pour petits et grands.

Depuis mon enfance, je suis guidé par mon goût pour l'aventure. J'ai appris beaucoup en participant à « Koh-Lanta » sur les relations humaines, les différentes cultures rencontrées ainsi que sur moi-même. Je pensais réussir ma vie en gagnant l'émission « Koh-Lanta ». Je suis en train de construire ma vie grâce aux expériences qu'elle m'a offertes, en m'enrichissant de bien plus que 100 000 euros. J'ai gagné des rencontres, des efforts multiples, la satisfaction de me sentir en harmonie avec ma culture, mes valeurs et tous ceux que j'aime. Je souhaite à tout le monde d'avoir foi en son courage pour entreprendre ses propres aventures : la réussite arrive parfois où on ne l'attend pas !

ANNEXES

Les saisons de « Koh-Lanta »

Saison 11 : « Koh-Lanta » Raja Ampat

Lieu de tournage : Archipel Raja Ampat, Indonésie
Durée : 41 jours
Tournage : mars à avril 2011
Diffusion : du 9 septembre au 16 décembre 2011
Gagnant : Gérard
Équipe jaune (Wasaï) : Steve, Gégé, Naouel, Benoît, Délisia, Caroline, Anthony, Patricia, Alexandra, Teheiura
Équipe rouge (Mambok) : Lisa, Catherine, Maxime, Olivier, Florence, Virginie, Martin, Ella, Laurent, Gérard

Édition spéciale : la Revanche des héros

Lieu du tournage : île de Koh Rong, Cambodge
Durée : 23 jours
Tournage : janvier 2012
Diffusion : du 6 avril au 1er juin 2012
Gagnant : Bertrand
Équipe jaune (Klahan) : Isabelle, Patricia, Francis, Freddy, Wafa, Moussa, Maud, Bertrand
Équipe rouge (Nekmao) : Fabienne, Marine, Nicolas, Teheiura, Guénaëlle, Patrick, Coumba, Claude

Édition spéciale : la Nouvelle édition

Lieu du tournage : archipel de Seribuat, Malaisie
Durée : 24 jours
Tournage : mai 2014
Diffusion : 12 septembre au 21 novembre 2014
Gagnant : Laurent
Équipe jaune (Tengah) : Sandra, Laurence, Florence, Teheiura, Moundir, Laurent
Équipe rouge (Simban) : Sara, Christina, Isabelle, Freddy, Philippe, Phil, Martin

Édition spéciale : l'Île des héros

Lieu du tournage : archipel de Kadavu, Fidji
Durée : 32 jours
Tournage : mai 2019
Diffusion : 21 février 2020
Gagnant : (non connu à ce jour)
Équipe noire des héros : Jessica, Sara, Moussa, Claude, Teheiura
Équipe jaune (Lawaki) : Alexandra, Naoil, Inès, Régis, Sam, Benoît, Valérie
Équipe rouge (Nacomo) : Claudia, Charlotte, Delphine, Joseph, Ahmad, Éric, Pholien, Marie

Lexique tahitien français

L'alphabet tahitien comprend treize lettres :

Cinq voyelles : a, e, i, o, u et huit consonnes : f, h, m, n, p, r, t, v

On prononce :

le « e » : [é], le « u » : [ou], le « r » est roulé, le « h » est aspiré

ahimā'a : four polynésien

'aito : champion

'aparima : danse dans laquelle les bras et les mains miment les paroles d'une chanson

A tu te toa : Lève-toi guerrier

fa'a'amu : adoptif

farāni : français

fenua : terre

fē'i : banane plantain

firifiri : beignet sucré

heiva : concours de danse

hu'a : petit

'ia ora na : bonjour

mā'a : repas

maeva : bienvenue

māmā : dame âgée

Manatoa : esprit du guerrier

Manavai : source sacrée

māpē : fruit

matahiapo : les anciens

mauruuru : merci

Mihivai : source des pensées

more : jupe en fibre végétale
motu : îlot
nī'au : tige de palme
'ō'ini : panier tressé
'ōrero : art déclamatoire
'ori : danse
'ōte'a : danse sur percussion avec des mouvements cadencés
pāhu : instrument percussion
pai : pâtisserie
pā'oti : mouvement de jambes en ciseaux effectué par les danseurs
pāreu : paréo
pāua : toiture en pandanus
po'e : dessert traditionnel
reo mā'ohi : langue tahitienne
tama'a maita'i : bon appétit
tamari'i : enfant
tāne : homme
tatau : tatouage
Teheiura : couronne rouge
tiaitau mā : gardien du temps
tinitō : chinois
tō'ere : instrument percussion
va'a : pirogue
vahine : femme
Vainanui : source de grande sagesse
Vaitoanui : source du grand guerrier

Māuruuru, Merci

À mes parents, Endy, Liana, Nelson, Mareta, Moeana ainsi que toute ma belle-famille et particulièrement Myriam, Michel et Cédric pour leur affection et leur soutien inébranlable. Sans oublier le reste de ma famille au *fenua* (dont Willy parti bien trop tôt) et Françoise, une amie fidèle toujours de bons conseils.

À Marie-Christine Esgonnière du Thibeuf, alias Kikine, pour son aide très précieuse dans la rédaction de ce livre.

À l'équipe de casting et particulièrement à Isabelle Gambotti, directrice, qui a tout fait pour me donner ma chance.

À toute l'équipe d'Adventure Line Productions : Julien Magne et l'indétrônable Denis Brogniart pour les préfaces de ce livre, Franck Firmin Guion, Alexia Laroche-Joubert, Matt Mather, le génie des inventions Yann Le Gac, Stéphanie Clémente, une communicante hors pair, Sylvie la psychologue, l'équipe médicale (y compris le formidable et regretté Thierry Costa) ainsi que tous les membres « fantômes » : cameramen, journalistes, régisseurs, preneurs de son, assistants candidats…

À toute mon équipe du Manatoa et plus particulièrement Nelson, Liana, Fanautahi pour leur collaboration quotidienne indéfectible… même quand je pars « jouer à "Koh-Lanta" ».

À tous les organisateurs d'événements en France pour leur accueil chaleureux ainsi qu'aux soutiens particuliers de Promocash, du salon Trocadéro et de Darty à Béziers.

À tous les partenaires, médias et enseignes en Polynésie française et en France métropolitaine qui m'ont aidé dans mes projets et tout particulièrement à Air Tahiti Nui, Pacific Event Management, Vini, Hinano.

À Christian Robert des éditions Au vent des îles pour son professionnalisme et sa confiance depuis 2014 avec *Aventure culinaire*, puis avec ce livre.

À tous les membres de la Team constituée autour de mes aventures depuis 2011… pour le meilleur et pour le rire.

Enfin, à tous ceux connus ou inconnus qui m'encouragent depuis le début, me soutiennent de près ou de loin sur les réseaux sociaux ou par courrier.

Mon parcours en quelques photos,
de Tahaa à « Koh-Lanta »

Quel bonheur de revenir
sur ma terre natale
et d'être couronné
de vanille royale,
emblème de Tahaa.
(Retour du 'Aito, 2012)

Je me revois encore
me lécher les babines
devant les succulents plats
préparés en famille
chez Mémé Lydia,
ici en jaune. (1985)

En bas à droite, mon frère Endy ; à sa gauche,
moi, « le *farāni* gringalet » et derrière lui,
ma sœur Liana. (1985)

Voici une journée comme je les aime.
Avec ma couronne en fibre de bourre
de coco, je râpe la noix de coco
pour la journée survie durant
notre camp ado sur le *motu*. (1995)

Prêt pour un départ imminent
vers la France ; c'est le grand saut !
Nous voici avec Tamatoa,
parés de plusieurs dizaines de colliers
de coquillages. (1998)

Petite larme à l'œil en retrouvant mes parents,
Miriama et Jacques, lors de mes vacances
en Polynésie. (1999)

À chaque retour au *fenua*, c'est toujours un grand bonheur de préparer le *ahimā'a*, four traditionnel, pour le repas dominical. Au menu : *'uru*, *fē'i*, manioc, porcelet…

Entraînement pour « Koh-Lanta » ! Je suis chargé comme une mule avec mon sac de coprah, direction le séchoir.

Un moment de partage entre père et fils autour d'une bonne eau de coco frais dans la vallée à Tahaa.

Concentré sur mon activité du moment : la fabrication d'un *paua* en palmes de cocotier qui fera office de table à même le sable, sur la plage d'un *motu* à Tahaa.

Depuis notre rencontre en 1998,
je fais découvrir ma culture à Céline
lors des journées polynésiennes organisées
par l'AEPF de Montpellier.

Mon dossier de candidature
pour « Koh-Lanta » 2011 :
une création taillée sur mesure
par mes dix doigts !

Mes filles, Mihivai, Vainanui et Manavai,
avant l'arrivée de leur petit frère Vaitoanui.

Quand je vous disais que les candidats dépouillent les plateaux de tournage !
Voici une partie de mes objets souvenirs avec notamment le fameux doudou de Manavai.

Après vingt heures de vol
avec Air Tahiti Nui,
je pose le pied sur le tarmac
de l'aéroport de Tahiti-Faa'a
dans la chaleur moite de la nuit.
Bienvenue en Polynésie les amis !
De là, j'entends déjà les percussions
traditionnelles qui m'appellent...
(Retour du 'Aito, 2012)

Arriver sur mon île en pirogue,
ça n'a pas de prix !
Je suis accompagné
et encouragé par les jeunes
rameurs de Tahaa :
« Allez Teheiura...
oh hisse faut qu'ça glisse ! »
Ils me rappellent un moment
culte de mon aventure
à « Koh-Lanta », Raja Ampat.
(Retour du 'Aito, 2012)

Accueil grandiose sur ma terre natale. (Retour du 'Aito, 2012)

Mon premier livre de recettes d'inspiration polynésienne : *Aventure culinaire*, publié aux éditions Au vent des îles en 2014.

Le poisson cru à la tahitienne, le plat incontournable en Polynésie et la spécialité du Manatoa *food truck*. *Tama'a maitai ! Bon appétit !*

Voici le Manatoa (esprit du guerrier) aux couleurs des lagons du Pacifique. Nous prenons plaisir, depuis 2015, avec toute mon équipe, à sillonner les routes de France avec lui et tout particulièrement celles d'Occitanie.

C'est toujours un grand bonheur de vous accueillir et de vous faire découvrir les saveurs polynésiennes à bord du Manatoa *food truck*.

Crédits photographiques
Pages 225, 227, 229, 231 : © Philippe Collignon
Pages 226, 228, 230 : © Teheiura Teahui

Éditions Au vent des îles
BP 5670 – 98716 Pirae – Tahiti – Polynésie française
mail@auventdesiles.pf — www.auventdesiles.pf

Imprimé en Italie par LEGO
Photocomposition : Scoop - Tahiti
1re édition
Dépôt légal 2e trimestre 2020
ISBN 978-2-36734-252-8